Astrologie für Anfänger

Planeten, Aspekte, Deutungen und Hintergründe

Kontakt: www.HarryEilenstein.de
Harry.Eilenstein@web.de
Harry Eilenstein bei youtube

Herstellung und Verlag: BoD - Books on Demand, Norderstedt

ISBN: 9783752608922

Inhaltsverzeichnis

I Fundament

Die Astrologie ist vermutlich das bekannteste Orakel und auch eines der bekann-testen Teile der Magie. Sie ist mit den meisten mythologischen, magischen und spiri-tuellen Weltbildern verknüpft. Sie hat zudem auch einige Verbindungen zu dem modernen physikalischen Weltbild.

Es lohnt sich also, sich die Astrologie einmal genauer anzuschauen, wenn man sich für Magie, Esoterik, Okkultismus oder ganz allgemein für Weltbilder interessiert, die über die Physik hinausgehen.

I 1. Grundlage: Analogie

Die Astrologie ist ein System von Analogien – die Physik ist ein System von Kau-salitäten. Beides ist also grundverschieden, aber kein Widerspruch – beide Weltbilder lassen sich durchaus kombinieren. Die Astrologie betrachtet die gemeinsame Qualität von Dingen, die gleichzeitig geschehen – die Physik betrachtet die quantitativen Zusammenhänge von Dingen, die nacheinander geschehen. Die Astrologie beschreibt die Qualität des Augenblicks – die Physik beschreibt die quantitative Verwandlung im Verlauf der Zeit.

Man kann also die Astrologie nicht physikalisch erklären und man kann auch nicht die Physik astrologisch erklären. Man kann jedoch beide Weltbilder kombinieren, um zu einer vollständigeren Beschreibung der Welt zu gelangen.

In der Astrologie ist es wichtig, den Tierkreis und die Planeten klar zu unterschei-den: Der Tierkreis ist eine universelle Struktur – die Planeten sind eine individuelle Qualitäten-Folge in unserem Sonnensystem.

Der Tierkreis ist die Aufteilung des Umraums in 12 gleichgroße Bereiche mit einer präzisen inneren Struktur: 4 Elemente in je 3 Dynamiken ergeben 12 Qualitäten.

Diese 12er-Struktur findet sich in der Physik an zwei Stellen wieder: zum einen in den 4 grundlegenden Elementarteilchen (up-Quark, down-Quark, Elektron, Neutrino), die in 3 Größen erscheinen und somit 12 Formen haben, und zum anderen in der Form des auf dieselbe Weise wie der Tierkreis 12-geteilten Superstrings, der der Grundbaustein der heutigen Physik ist.

Zudem leiten sich von dem Tierkreis auch die astrologischen Aspekte ab, also die Winkel und ihre Bedeutung. Die astrologische Qualität dieser Winkel findet sich auch in der Physik wieder: der 180°-Winkel ist ein Gegensatz, der 120°-Winkel eine Ver-bindung, der 60°-Winkel eine Gruppenbildung, der 90°-Winkel eine Trennung usw.

Im Gegensatz dazu ist die Bedeutung der Planeten relativ in Bezug zu dem Beobachter. Das kann man leicht erkennen, wenn man sich vorstellt, daß jemand auf dem Mars geboren wird – dann fällt der Mars aus dem Horoskop fort. Evtl. könnte die Erde die Rolle des Mars übernehmen ... Aber dann bliebe noch das Problem, daß auch der Erd-Mond fortfällt, aber dafür die beiden Mars-Monde hinzukommen. Aber was ist, wenn nun jemand auf der Venus geboren wird? Sollte dann die Erde die Rolle der Venus im Horoskop übernehmen – obwohl sie bei einem Mars-Geborenen die Rolle des Mars übernehmen müßte? Und die Venus hat auch keine Monde, die an die Stelle des Erdmondes treten könnten. Endgültig schwierig wird es, wenn z.B. jemand auf dem Saturn-Mond Titan geboren wird – dann erscheinen plötzlich die 82 Saturn-Monde im Horoskop ...

Es gibt also mindestens drei Ebenen in der Astrologie, die man sinnvollerweise unterscheiden sollte:

> 1. das allgemeingültige Prinzip der **Analogie**, das die Astrologie mit der Magie, der Kabbala, der Mythologie und einigen anderen Bereichen teilt;
> 2. das allgemeingültige Prinzip des **Tierkreises** und der Qualität einiger Winkel, die man aus ihm ableiten kann, die man auch in der Physik, im Feng-Shui, in der Kabbala, in den Kornkreisen usw. finden kann; und
> 3. die **Planeten**, die ein relatives System sind und sich auf die Erde beziehen – für jeden anderen Planeten und auch für jedes andere Sonnensystem muß dieses astrologische System neu erforscht werden.

I 2. Arten der Astrologie

Die heutzutage bekannteste Form der Astrologie stammt aus Europa und ist vor allem in der westlichen Zivilisation weit verbreitet. Sie beschreibt Qualitäten: Mit dem Mars am Aszendenten neigt man zur Cholerik.

In Indien gibt es eine ähnlich Form der Astrologie, die jedoch andere Aussagen trifft als die europäische Astrologie. Sie gleicht mehr der mittelalterlichen Astrologie und sagt keine Qualitäten, sondern ganz konkrete Dinge voraus – mit einem bestimmten Aspekt im Horoskop wird man von einem weißen Hund gebissen werden.

Die chinesische Astrologie beschreibt vor allem Langzeit-Zyklen, auch wenn sie die Aufteilung in 12 Tierkreiszeichen kennt.

Die ursprüngliche Astrologie, die in den frühen Königreichen in Mesopotamien entstanden ist, war eine Königs- und Königreich-Astrologie. Sie leitete die Geschicke auf der Erde von dem Stand der Planeten am Himmel ab. Das ist damals noch eine Kollektiv-Astrologie gewesen, die noch keine Geburtshoroskope erstellt hat, sondern nur den aktuellen Stand der Planeten betrachtet hat, die auf alle Menschen gleichermaßen gewirkt haben. Das Königreich war „die ganzen Menschen" und der König als die Verbindung der Menschen zu den Göttern war in dem damaligen Weltbild derjenige, durch den die Wirkung der Planeten zur Erde in das Königreich kam.

Die Astrologie der Mayas beschreibt ähnlich der Astrologie der Chinesen Langzeit-Zyklen.

In dem vorliegenden Buch geht es um die abendländische Astrologie.

II Die abendländische Astrologie

Das zentrale Element dieser Form der Astrologie ist das Horoskop. Solch ein Horoskop kann man einem Schauspiel vergleichen. Beide haben 7 Elemente:

1. Man geht ins Theater, das Stück hat noch nicht begonnen, der Vorhang vor der Bühne ist noch verschlossen – das Kind ist noch nicht geboren worden.
Dann öffnet sich der Vorhang und das Erste, was man sieht, ist das Bühnenbild – das Tierkreiszeichen, in dem der Aszendent des betreffenden Menschen steht.

2. Als nächstes erscheinen die Schauspieler – das sind die 10 Planeten, die in jedem Horoskop dieselben sind.

3. Jeder dieser Schauspieler hat eine bestimmte Rolle, er handelt in einem bestimmten Stil – das ist das Tierkreiszeichen, in dem dieser Planet steht.

4. Des weiteren bekommt jeder dieser Schauspieler einen Lebensbereich zugewiesen, in dem er tätig ist – das sind die 12 Häuser des Horoskops.

5. Nun wird noch ein Drehbuch gebraucht. Ein Drehbuch läßt sich letztlich auf die Verhältnisse der Schauspieler untereinander zurückführen – diese Verhältnisse werden durch die Winkel zwischen den Planeten beschrieben. Diese Winkel werden „Aspekte" genannt.

6. Nun hat jedes Schauspiel auch einen Regisseur, der für das Niveau des Schauspiels zuständig ist – das ist das bewußte Ich des betreffenden Menschen, das über dem Horoskop steht.
Die „Tonart" (Horoskop) des Musikstücks, das aufgeführt wird, steht fest, aber ob man nur schräge Töne zu hören bekommt, oder immerhin ein einfaches Kinderlied oder gar eine Symphonie oder eine Oper – das hängt von dem Ich ab, von dem Regisseur.

7. Es kann auch mal vorkommen, daß der Regisseur einfach nichts mit dem Drehbuch anzufangen weiß und völlig ratlos ist. Dann kann er sich an den Drehbuch-Autor werden – das ist die Seele, die die betreffende Inkarnation beschlossen hat. Sie wird wissen, warum sie gerade dieses Horoskop ausgesucht hat.

II 1. Die Planeten

In einem Horoskop-Schauspiel treten zehn Schauspieler auf: die zehn Planeten. Wenn man sie der scheinbaren Umlaufzeit um die Erde nach ordnet, ergibt sich eine logische Folge – zum einen vom Alter der Schauspieler her und zum anderen von der Entwicklung her.

Der **Mond** ist ein kleines Kind, das einfach alles wahrnimmt und erlebt und im direkten Kontakt mit allen Dingen lebt.

Der **Merkur** ist ein Schüler, der all diese Wahrnehmungen analysiert und auf Regelmäßigkeiten hin untersucht und dabei so manche Struktur entdeckt.

Die **Venus** ist eine Jugendliche, die alle Dinge, die der Mond sieht, und alle Strukturen, die der Merkur erkannt hat, bewertet und sie entweder geil oder doof findet.

Die **Sonne** ist ein König, der aufgrund der Bewertungen der Venus Entscheidungen trifft und die generelle Richtung festlegt.

Der **Mars** ist ein Krieger, der aufgrund der Entscheidungen der Sonne handeln kann und dadurch Tatsachen schafft.

Der **Jupiter** ist ein Manager, der die Taten des Mars aufgreift und lenkt und sie zu einem gedeihenden Ganzen zusammenfügt und die Früchte seiner Tätigkeit genießt.

Der **Saturn** ist ein Wächter, der dem vom Jupiter Erschaffenen Stabilität gibt und es bewahrt und erhält.

Der **Uranus** ist ein Erfinder, der das Neue jenseits des Bekannten des Saturns sieht und dadurch immer wieder Veränderungen in Gang bringt.

Der **Neptun** ist ein Künstler und Mystiker, der die großen Zusammenhänge ahnt und durch seine Sehnsucht die Vision einer besseren Welt erschafft.

Der **Pluto** ist ein Zauberer, der das Wesentliche erfaßt und sich einsgerichtet darauf konzentriert und auf diese Weise Verwandlungen bewirkt und Wunder vollbringt.

II 2. Die Tierkreiszeichen

Die Tierkreiszeichen ergeben sich aus der Kombination der vier Elemente (Feuer, Wasser, Luft, Erde) und der drei Dynamiken (erschaffend, gestaltend, nutzend). Ihnen sind zudem die Planeten zugeordnet – sozusagen als „Könige" in den „Tierkreis-Königreichen".

Die Tierkreiszeichen				
	Feuer *(Tat)*	*Wasser* *(Gefühl)*	*Luft* *(Verstand)*	*Erde* *(Leib)*
erschaffend *(kardinal)*	Widder *(Mars)*	Krebs *(Mond)*	Waage *(Venus)*	Steinbock *(Saturn)*
gestaltend *(fix)*	Löwe *(Sonne)*	Skorpion *(Mars, Pluto)*	Wassermann *(Saturn, Uranus)*	Stier *(Venus)*
nutzend *(beweglich)*	Schütze *(Jupiter)*	Fische *(Jupiter, Neptun)*	Zwillinge *(Merkur)*	Jungfrau *(Merkur)*

Der **Widder** ist ein Taoist: Er handelt im Hier und Jetzt – erschaffendes Feuer und die Tatkraft des Mars.

Der **Stier** ist ein Genießer: Er sammelt das Angenehme und hält das Unangenehme fern: gestaltende Erde, die durch die Venus harmonisch wird.

Der **Zwilling** ist ein Neugieriger: Er sucht das Unbekannte und erschafft selber Überraschungen – nutzende, bewegliche Luft, in der der Merkur sich an der bunten Vielfalt erfreut.

Der **Krebs** ist ein Empfindsamer: Er spürt alles, was da ist und schafft sich seinen intimen Kreis der Verwandten und Freunde – erschaffendes Wasser, das von der Geborgenheit des Mondes erfüllt ist.

Der **Löwe** ist ein Egozentriker: Er will, daß alles so läuft, wie er es will, und steht stets im Zentrum – gestaltendes Feuer, das von der Mitte der Sonne her ausstrahlt.

Die **Jungfrau** ist ein Handwerker: Er untersucht, repariert und heilt alle Dinge und stellt die Ordnung wieder her – nutzende, bewegliche Erde, die von den Erkenntnissen des Merkurs durchdrungen ist.

Die **Waage** ist ein Schöngeist: Sie verbindet, arrangiert, schafft einen Ausgleich, strebt nach Harmonie und allen Arten von Beziehungen – erschaffende Luft, die von der Schönheit der Venus erfüllt ist.

Der **Skorpion** ist ein Konzentrierter: Er intensiviert, steigert, durchdringt, ergründet alle Dinge – gestaltendes Wasser, das von der Einsgerichtetheit des Plutos und der Kraft des Mars geprägt ist.

Der **Schütze** ist ein Idealist: Er sucht in jeder Situation nach dem Optimum und strebt danach, dieses Optimum auch zu verwirklichen – nutzendes, bewegliches Feuer, das vom Jupiter gelenkt wird.

Der **Steinbock** ist ein Realist: Er strebt nach Beständigkeit und Dauer und erschafft dafür solide Fundamente – erschaffende Erde, die durch den Saturn Festigkeit erhält und zu einem Felsen wird.

Der **Wassermann** ist ein Professor: Er sucht nach der Weltformel und betrachtet alles von dem Blickwinkel der Allgemeingültigkeit aus – gestaltende Luft, die durch den Saturn Realismus erhält und durch den Uranus mit neuen Ideen angereichert wird.

Der **Fisch** ist ein Träumer: Er spürt allem nach, was geschieht und nimmt an allem Anteil und ist wie der Kapitän eines Segelschiffes, der Wind und Strömungen nutzt – bewegliches Wasser, daß durch das Feingefühl des Neptun erfaßt und durch das Organisationstalent des Jupiters genutzt wird.

II 3. Die Häuser

Auch die Häuser sind wie der Tierkreis eine Zwölferteilung des Kreises – der Tierkreis teilt das Jahr in 12 gleichgroße Teile ein – das Häusersystem teilt den Tag in 12 gleichgroße Teile ein.
Der Aszendent ist der Anfang des 1. Hauses.

Das **1. Haus**, dessen Bereich dem Stil des Widders entspricht, ist das Hier und Jetzt. Die Planeten in diesem Haus wirken immer und überall mit.

Das **2. Haus**, dessen Bereich dem Stil des Stiers entspricht, ist der Körper, die Ernährung, die Kleidung, die Wohnung, das Haus, der Garten, die Felder und das Bankkonto. Die Planeten in diesem Haus kümmern sich um den Besitz.

Das **3. Haus**, dessen Bereich dem Stil des Zwillings entspricht, ist das Neue, die Begegnung, das Lernen, die Gespräche und die Bekanntschaften. Die Planeten in diesem Haus schaffen neue Kontakte und Verbindungen und tun nicht gerne dasselbe zweimal auf dieselbe Weise.

Das **4. Haus**, dessen Bereich dem Stil des Krebses entspricht, ist die Familie, die Sippe und die Heimat. Die Planeten in diesem Haus streben nach Geborgenheit, Behütetsein und Innigkeit.

Das **5. Haus**, dessen Bereich dem Stil des Löwen entspricht, ist der Thronsaal, in dem man sein Gefolge und seine Bewunderer empfängt. Die Planeten in diesem Haus sind mit der Selbstdarstellung beschäftigt.

Das **6. Haus**, dessen Bereich dem Stil der Jungfrau entspricht, ist die Werkstatt, die Arztpraxis, das Therapiezentrum und der Seminarraum. Die Planeten in diesem Haus streben den heilen Zustand durch Erkenntnis, Reparatur und Heilung an.

Das **7. Haus**, dessen Bereich dem Stil der Waage entspricht, ist das Wohnzimmer, in dem man die Menschen trifft, mit denen man von Herzen verbunden ist. Die Planeten in diesem Haus befassen sich mit Freundschaften und Beziehungen.

Das **8. Haus**, dessen Bereich dem Stil des Skorpions entspricht, ist das Schlachtfeld, das Polizeirevier, das Bordell, die Chirurgie, der Yoga-Ashram, die Magier-Loge und der Friedhof. Die Planeten in diesem Haus suchen stets nach dem, was am intensivsten ist und nach dem Ort, an dem Verwandlungen stattfinden.

Das **9. Haus**, dessen Bereich dem Stil des Schützen entspricht, ist der Turm, von dem aus man in die Weite blicken kann, es ist die Feuerwehrhalle, das Projektbüro, das Rednerpodest und die Management-Zentrale. Die Planeten in diesem Haus streben danach, jede Situation in den bestmöglichen Zustand zu übertragen.

Das **10. Haus**, dessen Bereich dem Stil des Steinbocks entspricht, ist das Büro, die Verwaltung, das Wächterhäuschen, der Bundesgrenzschutz und das Statiker-Büro. Die Planeten in diesem Haus sorgen dafür, daß alle wichtigen Dinge auch stabil, belastbar und zuverlässig sind.

Das **11. Haus**, dessen Bereich dem Stil des Wassermanns entspricht, ist das Klassenzimmer, der Vorlesungssaal, das Labor, das Raumschiff, der Versammlungssaal und das Vereinslokal. Die Planeten in diesem Haus wollen zusammen mit Gleichgesinnten die Welt verändern.

Das **12. Haus**, dessen Bereich dem Stil des Fisches entspricht, ist das Krankenhaus, die Kirche, die Straße, das Obdachlosenheim, das Segelschiff und alle Orte, an denen man zufällig andere Menschen treffen kann. Die Planeten in diesem Haus tasten ständig alle Ereignisse und Umstände ab, um zu sehen, ob man einer Sache ausweichen muß oder ob man sie nutzen kann.

II 4.   Die Aspekte

Die Grundbedeutungen der sieben Aspekte sind recht einfach:

$$0° = \text{Konjunktion} \quad = \text{Vereinigung}$$
$$30° = \text{Halbsextil} \quad = \text{Entwicklungsschritt}$$
$$60° = \text{Sextil} \quad = \text{Gruppenbildung}$$
$$90° = \text{Quadrat} \quad = \text{Trennung}$$
$$120° = \text{Trigon} \quad = \text{Verbindung}$$
$$150° = \text{Quincunx} \quad = \text{Verwandlung}$$
$$180° = \text{Opposition} \quad = \text{Schwingen}$$

Die **Konjunktion** hat einen Abstand von 0°. Zwei Planeten, die durch eine Konjunktion verbunden sind, sind wie eine Ehe – sie treten immer gemeinsam auf. Die Konjunktion lehrt Einsgerichtetheit.

Das **Halbsextil** hat einen Abstand von 30°. Zwei Planeten, die durch ein Halbsextil verbunden sind, sind wie eine zufällige, aber folgenreiche Begegnung – sie sind ein

Entwicklungschritt. Das Halbsextil lehrt Loslassen.

Das **Sextil** hat einen Abstand von 60°. Zwei Planeten, die durch ein Sextil verbunden sind, sind wie eine Begegnung mit einem guten Bekannten – sie können sich gegenseitig zu Hilfe rufen. Das Sextil lehrt Gemeinschaft.

Das **Quadrat** hat einen Abstand von 90°. Zwei Planeten, die durch ein Quadrat verbunden sind, sind wie eine Trennung – sie sind wie eine Zeltstange, die die Plane oben und die Plane unten auseinanderhält und dadurch einen Raum erschafft. Das Quadrat lehrt Freiheit.

Das **Trigon** hat einen Abstand von 120°. Zwei Planeten, die durch ein Trigon verbunden sind, sind wie eine Freundschaft – sie helfen sich in allen Situationen. Das Trigon lehrt Verläßlichkeit.

Das **Quincunx** hat einen Abstand von 150°. Zwei Planeten, die durch ein Quincunx verbunden sind, sind wie ein ständiger Aufbau von Ordnung und Spannung – sie fordern und fördern in jedem Augenblick den vollkommen Realitätsbezug. Das Quincunx lehrt die Liebe zur Welt.

Die **Opposition** hat einen Abstand von 180°. Zwei Planeten, die durch eine Opposition verbunden sind, sind wie zwei Pole – sie sind ein Ergänzungs-Gegensatz. Die Opposition lehrt den Wandel in einem ständigen Hin- und Herschwingen.

II 5. Das Ich

Das Ich ist kein astrologisches Element, sondern steht über dem Horoskop – es ist jedoch nicht unabhängig von dem Horoskop. Dieses Ich ist die Fähigkeit, sich seiner selber und seiner augenblicklichen Situation bewußt zu sein und daher auch bewußt zu entscheiden. Dies zeigt sich in dem kleinen Augenblick des Innehaltens zwischen Wahrnehmung und Reaktion – dieser kleine Augenblick ermöglicht es, nicht nur reflexhaft zu reagieren, sondern bewußt zu entscheiden. Das Ich ist für das Niveau, in dem man sein eigenes Horoskop lebt, verantwortlich. Dieses Ich ist der Regisseur des Horoskop-Schauspiels.

Diese Niveau-Frage prägt das gesamte Leben: Ist man mit einem Pluto/Saturn-Quadrat ein Kleinkrimineller, der entweder nur tut, was er will (Pluto) und sich nicht um Gesetze (Saturn) kümmert oder der im Knast (Saturn) sitzt und nicht tun kann, was er will (Pluto) – oder ist man ein Sozialkritiker, der die eigene Überzeugung (Pluto) dem Status Quo (Saturn) gegenüberstellt oder gar ein Magier, der mit seinem Willen (Pluto) die Naturgesetze (Saturn) außer Kraft setzt?

Die Verantwortung für das erreichte Niveau kann man nicht auf das Horoskop abschieben – dafür ist man ganz allein verantwortlich. Das Horoskop gibt nur die Themen vor, aber nicht das Niveau.

Ein wichtiger Punkt ist in diesem Zusammenhang auch noch, daß das Horoskop sowohl die Neigungen und Wünsche als auch die Fähigkeiten beschreibt. Das bedeutet, daß jeder genau die Fähigkeiten hat, die er auch zur Erfüllung seiner Wünsche braucht. Es geht also darum, sich selber möglichst gut zu erkennen und zu verstehen – dann wird man feststellen, daß das, was man gut kann, auch genau das ist, was man braucht, um an seinen wirklichen Ziele zu gelangen.

II 6. Die Seele

Die eigene Seele hat sich für ihre derzeitige Inkarnation das Horoskop ausgesucht, daß man gerade hat. Das Horoskop ist also der Stil, den die Seele in diesem Leben haben will. Das bedeutet, daß das Horoskop nicht etwas ist, was einem von außen her übergestülpt wird, sondern daß das Horoskop genau das ausdrückt, was man will.

Man sollte sein eigenes Horoskop also nicht mit „Es gibt da ein Problem …“-Sätzen oder mit „Das Schicksal hat beschlossen …“-Sätzen beschreiben, sondern mit „Ich will …“-Sätzen. Wenn man in den Einklang mit der eigenen Seele kommt, dann kann man erkennen, daß das Horoskop genau das beschreibt, was das eigene Bestreben und die eigene Erfüllung ist.

Unter Umständen dauert es jedoch eine Weile, bis man an diesem Punkt angekommen ist, da man oft Ängste, Süchte, Gewohnheiten, kulturelle Prägungen u.ä. für das eigene wahre Wesen hält – was dann zu Konflikten mit dem eigenen Horoskop führt. Wenn man versucht, jemand zu sein, der man aber gar nicht ist, wird es schwierig … und je mehr man sich selber bejaht, desto einfacher wird das Leben.

III   Individuelle und kollektive Astrologie

Mithilfe der Astrologie lassen sich die Horoskope von Menschen, Tieren, Unternehmungen, Firmen, Staaten und ähnlichem berechnen und deuten – die Astrologie wirkt also ständig und auf alles und nicht nur auf Menschen. Zudem läßt sich mithilfe der Astrologie die allgemeine Qualität eines Augenblicks beschreiben.

III 1.   Das eigene Horoskop

Das bekannteste Element der Astrologie ist das Horoskop. Dies ist schlicht der Stand der Planeten zum Zeitpunkt der Geburt. Mithilfe des Horoskops läßt sich der Stil eines Menschen beschreiben, seine innere Struktur, seine Vorlieben, seine Fähigkeiten, sein Aussehen – aber nicht das Niveau, auf dem der Betreffende alle diese Dinge lebt. Das Niveau muß jeder eigenständig entwickeln.

III 2.   Das Horoskop von Unternehmungen

Horoskope lassen sich nicht nur für Menschen berechnen, sondern auch für Tiere, Firmen, Staaten, Erfindungen, Ehen, Herrschaftsbeginne und alle anderen Arten von eigenständigen Gebilden. Das Verfahren ist dabei immer dasselbe: Der Stand der Planeten zum Zeitpunkt der Selbständigwerdung („Geburt") beschreibt den Charakter von dem, was da selbständig geworden ist.

Der Augenblick der Selbständigwerdung kann viele verschiedene Dinge sein: das Durchtrennen der Nabelschnur, das Ja-Wort, die Unterschrift unter die Anmeldung einer Firma, die Unterschriften unter dem Gründungs-Dokument eines Staates, eine Krönung usw.

III 3.   Das Horoskop anderer Menschen

Es ist ausgesprochen hilfreich, auch die Horoskope anderer Menschen zu betrachten, da dies zu erkennen hilft, wie verschieden die Menschen sind. Meistens wird das erst nach der eingehenden Betrachtung von einem Dutzend Horoskopen so richtig klar. Allerdings kann es auch noch sehr viel später deutlich werden, wie viel von dem, wovon man glaubt, „daß es einfach so ist", lediglich die eigene subjektive Sichtweise und Bewertung darstellt. Derartige Erkenntnisse können dazu führen, daß man toleranter wird und daß es weniger Mißverständnisse gibt, die ganz schlicht darauf beruhen, daß man von sich auf andere geschlossen hat.

III 4. Horoskop-Vergleiche

Man kann auch zwei Horoskope miteinander vergleichen. Dabei schaut man, welche Aspekte sich zwischen den Planeten im Horoskop des einen Menschen und den Planeten im Horoskop des anderen Menschen ergeben. Da hier 20 Planeten beteiligt sind und nicht nur 10 wie bei einem einzelnen Menschen (beide haben 10 Planeten in ihrem Horoskop), sieht so ein Horoskop-Vergleich zunächst einmal recht komplex aus. Man muß sich daher erst einmal daran gewöhnen, dabei die Übersicht zu behalten.

Durch solch einen Horoskop-Vergleich kann man das Verhältnis zwischen zwei Menschen recht präzise beschreiben. In den meisten Fällen können die beiden Menschen dieser Beschreibung auch zustimmen, aber die Probleme in der Begegnung zwischen den beiden werden in aller Regel dadurch leider nicht aufgelöst …

Wenn der Merkur des einen z.B. ein Trigon zu dem Merkur des anderen hat, bedeutet dies, daß diese beiden Menschen gerne und viel miteinander reden und sich ohne große Mühe gegenseitig verstehen können. Bei einem Quadrat zwischen den beiden Merkuren gibt es hingegen ständig Mißverständnisse und andauernde Machtkämpfe um die Definitionshoheit und um die Festlegung des Bezugssystems.

Wenn es z.B. ein Quadrat von dem Mond des einen zu dem Mars des anderen gibt, wird der Mensch mit dem Mond sich durch die Taten des anderen verletzt fühlen und sich über einen Mangel an Einfühlungsvermögen und Nähe beklagen. Der Mensch mit dem Mars wird sich hingegen in seinem Handeln ständig durch die Anhänglichkeit und die Empfindsamkeit des anderen eingeengt fühlen. Generell besteht hier auch die Gefahr, daß Nähe (Mond) und Sexualität (Mars) miteinander kollidieren.

III 5. Die kollektive Astrologie

Die kollektive Astrologie ist die älteste Form der Astrologie. Sie geht von der Betrachtung des aktuellen Planetenstandes aus. Die Entdeckung, daß der Planetenstand zum Zeitpunkt der Geburt bzw. der Selbständigwerdung ein Leben lang wirkt, kam erst später hinzu.

Der aktuelle Planetenstand, also die Verhältnisse zwischen den Planeten, die man an dem betreffenden Tag am Himmel sehen kann, prägen die Ereignisse an diesem Tag. Wenn man die aktuellen Ereignisse verstehen will, kann ein Blick auf das augenblickliche Horoskop durchaus weiterhelfen.

Wenn man den Aspekt in dem derzeitgen Planetenstand gefunden hat, der die Ereignisse ausgelöst hat, über die man sich gerade wundert, kann man auch nachschauen, wie lange dieser Aspekt noch bestehen bleibt – daraus ergibt sich, wann sich die betreffende Situation wieder ändert.

IV Vorhersagen

Auch bei den astrologischen Vorhersagen lassen sich die individuellen Vorhersagen von den persönlichen Vorhersagen unterscheiden. Die individuellen Vorhersagen vergleichen das Geburts- oder Gründungs-Horoskop mit dem Planetenstand zu dem Zeitpunkt, für den man eine Vorhersage machen will – die kollektiven Vorhersagen betrachten hingegen nur den Planetenstand zu dem Zeitpunkt, für den man eine Vorhersage machen will.

IV 1. Transite im persönlichen Horoskop

Die Vorhersagen funktionieren im Grunde sehr ähnlich wie die Horoskop-Vergleiche. Man hat das Horoskop des Betreffenden als Grundlage – den durch dieses Horoskop beschriebenen Charakter hat der Betreffende ein Leben lang. Dieser Grundcharakter erhält durch den aktuellen Planetenstand verschiedene Betonungen und Einfärbungen.

So kann z.B. an der Stelle, wo der Merkur im Horoskop steht, aktuell der Mars oben am Himmel stehen – z.B. beide bei 4° in der Waage. Das bedeutet dann, daß der Merkur, also das Denken und Reden, die Qualitäten des Mars, also die Tatkraft, als Hilfe erhält. Das führt dann dazu, daß die Dinge schärfer formuliert werden, daß man im Sprechen schnell mal aggressiv wird, daß man das, was man gesagt hat, auch gleich tun will usw.

Wenn hingegen der Merkur oben am Himmel dort steht, wo der Mars im Horoskop steht, sieht die Lage anders aus. Dann hilft der Merkur dem Mars, den anderen genauer zu erklären, was man gerade tun will, oder auch einfach geschicktere Wege zu dem anvisierten Ziel zu finden.

Diese beiden Beispiele waren eine Merkur/Mars-Konjunktion. Wenn der „laufende Merkur", also der aktuell am Himmel stehende Merkur jedoch z.B. ein Quadrat zu dem Horoskop-Mars hat, fällt es dem Betreffenden sehr schwer, das, was er tun will, in Worte zu fassen oder nach einem gut durchdachten Konzept vorzugehen. Bei einem Quincunx von dem laufenden Mars zu dem Merkur im Horoskop entstehen immer neue Impulse, das Gesagte auch umzusetzen, die jedoch ständig durch irgendwelche Dinge gestört und aufgehalten werden.

Es gibt auch einige Konstellationen, die bei allen Menschen auftreten. Die bekann-teste von ihnen ist die sogenannte Saturn-Phase, die mit ca. 28/29 Jahren, dann mit 57/58 Jahren und dann noch einmal mit 85/86 Jahren auftritt. Zu diesen Zeiten steht der laufende Saturn wieder dort, wo er auch im Geburtshoroskop steht – der Saturn braucht für einen Umlauf um die Sonne ca. 28,5 Jahre.

Diese Konstellation führt dazu, daß man mit dem konfrontiert wird, was man aus seinem bisherigen Leben gemacht hat. Das beinhaltet auch, daß sämtliche Defizite, Ängste, Süchte u.ä. bewußt werden und einem massiv im Weg stehen.

In dieser Saturn-Phase haben z.B. die meisten Fußballer Krisen, schießen keine Tore mehr und wechseln nach dieser Phase des öfteren den Verein, Bands wie Genesis oder die Beatles lösen sich auf, wenn sie den Streß dieser Phase nicht mehr aushalten, etwas Neues machen wollen o.ä.

Der Nutzen dieser Phase ist die Möglichkeit der gründlichen Selbstreflektion und der Neuorientierung. Wenn man diese Phase nicht für diesen Zweck nutzt, wird man vor allem unter ihr leiden. Diese Phase fällt natürlich um so heftiger aus, je mehr man noch an Altlasten im Gepäck hat.

IV 2. Der persönliche Jahres-Kalender

Man kann sich, wenn man möchte, einen persönlichen Jahres-Kalender erstellen, der im Groben anzeigt, wann man welche Dinge besonders gerne, gut und bewußt tun kann.

Dafür schaut man, welchen Tagen der Stand der Planeten im eigenen Horoskop entspricht. So ist z.B. 16° Löwe der 8. August, 3° Steinbock Heiligabend, 13° Wasser-mann der 4. Februar usw.

An diesen Tagen steht jedes Jahr die Sonne auf dem betreffenden Planeten in dem eigenen Horoskop. Wenn z.B. der Uranus im Horoskop bei 16° Löwe steht, geht die Sonne jedes Jahr am 8.8. über den Uranus – das bedeutet, daß an diesem Tag die Intuition besonders bewußt wird und man in der Lage ist, neue Ideen auch umzu-setzen.

Da diese Übergang nicht nur an genau diesem Tag, sondern auch schon 3 Tage zuvor und auch noch 3 Tage danach wirkt (und dabei erst stärker und dann wieder schwächer wird), hat man insgesamt für die 10 Planeten jeweils 7 solcher Tage mit einer leicht vorhersehbaren Qualität.

Man kann auch noch die Tage hinzunehmen, an denen die laufende Sonne im Quadrat, in Opposition und im Trigon zu einem der Planeten steht. Hier sollte man sich allerdings auf den Tag beschränken, an dem dieser Aspekt genau ist, sowie den

Tag vorher und den Tag nachher. Während die Konjunktion und die Opposition nur einmal im Jahr vorkommen, treten jedes Jahr zwei Trigone und auch zwei Quadrate auf.

Man hat also für jeden der 10 Planeten 1·7 „Konjunktions-Tage", 2·3=6 „Trigon-Tage", 2·3=6 „Quadrat-Tage" und 1·3 „Oppositions-Tage" – das macht insgesamt 7+6+6+3=22 astrologische relevante Tage für jeden Planeten. Somit haben 22 (Tage pro Planet) · 10(Planeten) = 220 Tage im Jahr jedes Jahr dieselbe Grundqualität.

Auf diese einfache Weise läßt sich ein persönlicher „immerwährender astrologischer Kalender" herstellen.

Natürlich kommen da noch die Einflüsse der anderen laufenden Planeten hinzu, aber da diese Planeten in jedem Jahr woanders stehen (da sie nicht genau ein Jahr für einen Umlauf brauchen wie die Sonne), muß man ihren Einfluß für jedes Jahr neu berechnen.

IV 3.   Kollektive Ereignisse

Kollektive Ereignisse finden sich da, wo es entweder kein oder zumindestens kein einheitliches Gründungshoroskop gibt. Dies ist z.B. beim Wetter der Fall aber auch bei solchen Ereignissen wie Erdbeben, Tsunamis oder dem Ausbruch von Seuchen.

Am einfachsten ist astrologisch das Wetter vorhersagbar, da es bei diesem Thema jahrzehntelange Erfahrungen gibt und dem Wetter überschaubare Regeln zugrunde-liegen.

Da die Astrologie stets Qualitäten beschreibt, muß man diese Qualitäten bei kollek-tiven Vorhersagen noch in konkrete Ereignisse übersetzen – das ist nicht unbedingt einfach. Dieses Problem läßt sich am einfachsten an einem Beispiel verdeutlichen:

Der Pluto steht seit ca. 1945 in einem Sextil mit dem Neptun und wird dies auch noch bis ca. 2039 tun. Dies ist in diesem Zeitraum die Grundlage für alle Deutungen, an denen Pluto und Neptun beteiligt sind. Dieses Sextil führt zu einer Betonung aller Dinge, die mit dem Neptun zusammenhängen: Kunst, Magie, Mystik, Soziales, Öko-logie, Globalisierung, Auflösungsprozesse, Drogen usw. Alle diese Dinge sind in diesen knapp hundert Jahren existentiell.

Im Januar 2020 ist der Saturn an die Stelle gelangt, an der der Pluto steht – Ende Steinbock. Das bedeutet, daß der Pluto die allgemeinen Verhaltensformen (Saturn) zu prägen beginnt – es entsteht ein kollektives Thema, das alle beschäftigt.

Ende Februar gesellte sich auch noch der Jupiter zu dem Pluto und dem Saturn – es werden nun die festen, wichtigen Formen des Saturns, die als existentiell und allgemeingültig erlebt werden (Pluto), durchorgansiert (Jupiter). Es entstehen somite feste und für alle verbindliche Vorschriften.

Mitte März kam dann auch noch der Mars hinzu und gab der Dreier-Konjunktion von Pluto, Saturn und Jupiter auch noch die Tatkraft und eine gewisse Agressivität hinzu – diese Vierer-Konjunktion setzt nun ihre Prinzipien mit großen Nachdruck und unter Strafandrohung durch.

Einmal im Monat ergänzt dann auch noch der Mond diese Vierer-Konjunktion zu einer Fünfer-Konjunktion, wenn er Ende Steinbock vorüberkommt. Alle Planeten dieser Mehrfach-Konjunktion haben ein Sextil zu dem Neptun. Der Blick von zeit-weise fünf Planeten (Pluto, Saturn, Jupiter, Mars, Mond) ist also gebannt auf den Neptun ausgerichtet.

Im April läuft der Mars dann weiter, im Mai dann auch der Saturn – es bleiben nur Noch Pluto und Jupiter in Konjunktion und die Lage entspannt sich.

Im Juli kehrt der Saturn jedoch zum Pluto zurück und die Regeln werden wieder strenger kontrolliert und durchgesetzt.

Im Dezember löst sich dann auch diese Dreier-Konjunktion auf. Es ist also abzu-sehen, daß sich die Lage ab dann entspannen wird.

Dieser Verlauf läßt sich astrologisch recht einfach beschreiben – aber woher soll man wissen können, daß sich diese Dynamik an einem Virus festmachen wird? Der Corona-Virus ist zwar ein typisches Neptun-Thema (eins von der negativen Sorte), aber es hätten auch Umweltkatastrophen, eine Kunst-Revolution, eine neuer Anlauf einer effektiven Klima-Konferenz, eine Migration oder sonst ein anderes Neptun-Thema sein können.

Wenn das Thema erst einmal sichtbar geworden ist, ist es einfach, mithilfe der Astrologie den weiteren Verlauf zu erkennen. Um jedoch das Thema selber erkennen zu können, braucht man Fähigkeiten, die über die Astrologie hinausgehen.

IV 4.   Langanhaltende Aspekte

Es gibt einige langanhaltende Aspekte, die ganze Epochen prägen. Dies sind vor allem die Aspekte zwischen Pluto und Neptun. Dies liegt daran, daß der Pluto keine Kreisbahn, sondern eine sehr stark elliptische Bahn hat. Das führt dazu, daß er sich ca. 100 Jahre lang nah bei der Neptun-Bahn befindet und folglich auch so schnell wie der Neptun fliegt. Anschließend fliegt der Pluto 150 Jahre lang deutlich langsamer als der Neptun.

Während dieser 100 Jahre bleibt der Winkel zwischen Neptun und Pluto weitgehend konstant. Wenn dieser Winkel einem der astrologischen Aspekte entspricht, gibt es

100 Jahre lang einen konstanten Einfluß, den auch alle Menschen, die in diesem Zeitraum geboren worden sind, in ihrem Horoskop haben.

Die Chance, daß ein solcher astrologisch relevanter Winkel auftritt, beträgt ungefähr 1:4. Das bedeutet, daß eine solche Phase wie die, in der wir gerade leben (Pluto/ Neptun-Sextil), ungefähr alle 1250 Jahre einmal vorkommt. Allerdings gibt es durchaus deutlich kürzere Varianten solcher Pluto/Neptun-Aspekte, die dann vielleicht nur 10 Jahre andauern.

Ähnliche Aspekte gibt es auch zwischen Uranus und Pluto bzw. zwischen Uranus und Neptun. Diese Aspekte dauern jedoch maximal 1,5 bis 2 Jahre.

Alle anderen Aspekte, z.B. die, an denen der Saturn oder der Jupiter einen beständigen Aspekt zu Pluto, Neptun oder Uranus beteiligt sind, dauern jedoch maximal 1 Jahr.

IV 5.   Günstige Zeitpunkte

Wenn man die Qualität eines Zeitpunktes mithilfe der Astrologie erkennen kann, liegt es nahe, für wichtige Vorhaben „günstige Zeitpunkte" auszuwählen. Dafür schaut man, welche Qualität man benötigt: z.B. den Mars für eine Auseinandersetzung – evtl. dazu noch den Jupiter, damit das Ganze auch eine Chance hat, konstruktiv zu sein. Wenn es dabei um ein Grundstück, also um Besitz geht, ist das 2. Haus wichtig. Der laufende Mars und/oder Jupiter am Himmel an einer Stelle, die im eigenen Horoskop im 2. Haus steht, wäre also günstig. Zudem sollten der Mars und der Jupiter keine Quadrate zu den Planeten im eigenen Horoskop haben.

Welche Konstellationen günstig sind, hängt aber auch vom eigenen Stil ab: Wenn man einen Konflikt durch Worte lösen will, braucht man den Merkur; wenn man den anderen schlicht besiegen will, braucht man den Mars und den Pluto – und sie dürfen ruhig auch das eine oder andere Quadrat haben; will man den anderen täuschen und überlisten, geht das kaum ohne die Hilfe des Neptun; will man den anderen mit Charme von seinem Vorhaben abbringen, ist die Venus die beste Helferin …

Was bei einem Thema eine günstige Konstellation ist, hängt also sehr stark von dem persönlichen Stil ab.

Dann gibt es noch ein grundsätzliches Problem: Man kann mithilfe der Zeitpunkts-Wahl keinen bereits vorhandenen Prägungen ausweichen – weder den Prägungen des eigenen Charakters noch den Prägungen eines anderen Menschen oder den kollektiven Prägungen. Das führt dazu, daß z.B. ein Paar, daß in Freude und Harmonie lebt, leicht einen günstigen Zeitpunkt für seine Hochzeit findet und die Hochzeit auch mühelos an diesem Termin durchführen kann – ein zerstrittenes Paar wird jedoch nur mit Mühe einen günstigen Zeitpunkt finden und dann wahrscheinlich doch an einem anderen Tag die Ehe schließen müssen.

Man kann durch die Wahl eines Zeitpunktes nicht die bereits existierenden Ursachen, Umstände und Prägungen auflösen …

IV 6.   Die Zeit

Man könnte nun glauben, daß die Planeten oben am Himmel die Geschicke der Menschen auf der Erde lenken. Da der Lauf der Planeten schon festliegt, können sie sich ja nicht nach den Menschen richten, sondern nur die Menschen nach den Planeten.

Gegen diese Sicht der Dinge sprechen jedoch mindestens zwei Überlegungen:

- Zum einen gibt es keine Kraft, die diese Wirkung übertragen könnte – die Gravitation der Planeten ist zu diffus und ebenso die elektromagnetische Kraft. Die Kernkraft („Farbkraft") ist auf das Innere von Atomkernen beschränkt. Auch die Telekinese ist ausgesprochen unwahrscheinlich, denn wie sollte die Vielfalt der Wirkungen auf die verschiedenen Menschen dadurch zustandekommen? Die Telekinese ist nur eine Anziehung oder eine Abstoßung, aber sie hat keine 10 verschiedenen Qualitäten wie die Planeten.

- Zum anderen zeigt sich der Charakter eines Kindes schon im Mutterleib – ob es ein ruhiges oder wildes Kind ist, ob es auf Streicheln des Bauches oder Worte reagiert u.ä. Auch das Aussehen ist bei der Geburt schon ausgeprägt: lang oder kurz, dick oder dünn, die Form des Gesichtes usw. All diese Dinge sind schon vor der Geburt da und entstehen nicht erst bei der Geburt. Die Prägung ist also schon vorhanden, wenn durch die Geburt selber die Berechnung des Geburtshoroskopes möglich wird.

Die Planeten prägen also nicht das Neugeborene zum Zeitpunkt der Geburt, sondern das Wesen des Neugeborenen wird lediglich durch seine Geburt berechenbar. Das bedeutet, daß in dem Kind vor und nach seiner Geburt dieselben Prozesse ablaufen, die offenbar auch den Lauf der Planeten regeln. Die Planeten und die Menschen stehen also nicht in einem Prägungs-Verhältnis zueinander, sondern in einem Entsprechungs-Verhältnis.

Das Horoskop beruht nicht auf einer kausalen Prägung, sondern auf einer Analogie. Die Welt entwickelt sich nicht als eine Ansammlung unabhängiger Einzelteile, sondern als ein Ganzes, das bestimmten Rhythmen und Zyklen folgt, die sich anhand des Planetenlaufs recht einfach erkennen lassen.

Daraus ergibt sich nebenbei, daß die Zeit nicht einfach ein gerades, stetiges Fließen ist, wie sie in der Physik beschrieben wird, sondern das jeder Zeitpunkt seine ganz eigene Qualität hat, die sich mithilfe der Astrologie präzise beschreiben läßt.

In diese Zeitqualität fügen sich dann die Ereignisse ein, also auch alle Dinge, die ein Mensch erlebt.

V   Hilfsmittel

Wenn man ein Horoskop vor sich hat oder den aktuellen Planetenstand am Himmel oder sonst eine astrologische Konstellation, gibt es immer wieder einmal Planetenstände, die man nicht so recht zu deuten weiß. Zum Glück gibt es für solche Situationen einige nützliche Hilfsmittel.

V 1.   Tarot und Horoskop

Wenn einem die Tarotkarten geläufig sind, kann man z.B. auf jeden Aspekt in einem Horoskop oder einer Konstellation eine Tarotkarte legen, um zu sehen, welche Qualität derzeit in diesem Aspekt besteht. Dadurch kann man auch erkennen, welcher Aspekt gerade die Ursache für die Schwierigkeiten ist, wegen denen man sich diesen Planetenstand anschaut.

Diese Methode hilft, zu einer ersten Orientierung zu gelangen.

V 2.   Die astrologische Familienaufstellung

Man kann mit dem eigenen Horoskop oder einer anderen Planeten-Konstellation als Grundlage auch eine Familienaufstellung durchführen. Das Verfahren ist recht einfach, aber es wird notwendig sein, schon einmal an einer Familienaufstellung teilgenommen zu haben, um zu wissen, was dabei passiert und wie sich das anfühlt.

Man legt zunächst 10 Bögen Papier mit den auf sie aufgemalten Planetensymbolen im Kreis so auf den Boden, daß sie dem betrachteten Horoskop entsprechen. Dabei legt man das Horoskop insgesamt so, daß der Aszendent nach Osten zeigt, da der Aszendent das Tierkreiszeichen ist, das zu dem Zeitpunkt, auf den sich das Horoskop bezieht, gerade im Osten über den Horizont aufgestiegen ist.

Um die Planeten-Zettel richtig in den Kreis zu legen, legt man am besten das Horoskop in die Mitte des Kreises und dreht es so, daß der Aszendent nach Osten zeigt – dann sieht man anhand des Horoskops recht einfach, wo welche Planeten liegen müssen.

Nun kann man sich nacheinander auf die verschiedenen Planeten-Zettel stellen und schauen, was man dort empfindet, innerlich hört und sieht. Dadurch erfährt man etwas über den derzeitigen Zustand der betreffenden Planeten.

Als nächstes stellt man sich nacheinander auf die Aspekte zwischen diesen Planeten.

Dabei wird man dann etwas über die Dynamik zwischen den beiden betreffenden Planeten erfahren – das ist meistens ein wenig dramatischer als die eher statischen Erlebnisse auf den einzelnen Planeten-Zetteln.

Schließlich stellt man sich in die Mitte des Kreises – das ist der Ort des bewußten Ichs, das der Regisseur des Horoskop-Schauspiels sein sollte. Hier erfährt man am meisten über sich selber und über die eigene Einstellung zu sich selber und zu dem Leben allgemein.

Diese Horoskop-Aufstellungen sind meistens sehr aufschlußreich für den betreffenden Menschen und eröffnen ihm des öfteren neue Verhaltensmöglichkeiten.

V 3. Traumreisen zu den Planeten

Eine weitere Möglichkeit ist es, zu dem 10 Planeten in dem eigenen Horoskop oder in der betrachteten Konstellation eine Traumreise zu unternehmen. Man kann auch eine Traumreise in das gesamte Horoskop unternehmen, aber die Traumreisen zu den einzelnen Planeten sind meistens übersichtlicher und differenzierter.

Solche Traumreisen kann man dann in einem zweiten Schritt auch in die Aspekte unternehmen. Hier ist es wie bei den Horoskop-Aufstellungen: In den Aspekten findet sich viel mehr Dynamik als in den eher statischen Planeten – in den Aspekten spielt sich das eigentliche Drama ab.

V 4. Die Horoskop-Versammlung

Schließlich kann man die Horoskop-Aufstellungen und die Traumreisen zu einer Art Horoskop-Ritual ausbauen. Dafür stellt man sich wieder wie bei der Aufstellung in die Mitte des Planetenkreises und nimmt die Rolle des Regisseurs ein – man ist das bewußte Ich in der eigene Psyche.

Dann kann man z.B. einen kreisförmigen Tisch imaginieren (wie die runde Tafel des Königs Artus), an der die 10 Planeten entsprechend ihrer Position in dem Horoskop sitzen (wie die 12 Ritter des Artus).

Nun kann man ein Gespräch mit den Planeten beginnen und z.B. einfach fragen, wie es ihnen geht oder ob jemand eine Bitte, eine Klage einen Wunsch o.ä. hat. Man kann natürlich auch mit einem bestimmten Thema diese Planeten-Versammlung einberufen.

Wenn man z.B. den Mars gefragt hat, wie es ihm geht, lauscht man wie bei einer

Familienaufstellung oder einer Traumreise auf die Antwort, aber man bleibt dabei in der Position des Regisseurs stehen. Dann geht man in passender Weise auf das, was der Mars gesagt hat, ein.

Bei diesen Versammlungen geht es wie bei Versammlungen von Menschen zu: Es gibt Streits, Mißverständnisse, Polemiken, Dominanzstreben, Resignation usw. Daher ist ein bißchen Erfahrung mit Gesprächsführung in Gruppen durchaus förderlich – allerdings nicht zwingend notwendig.

Die Aufgabe des Regisseurs ist es bei diesen Versammlungen, das eigene Ziel im Auge zu behalten, die Anliegen der einzelnen Planeten zu verstehen und ernst zu nehmen und schließlich Vorschläge zu entwickeln (durchaus zusammen mit den Planeten), die es ermöglichen, daß wieder alle an einem Strang ziehen anstatt sich gegenseitig zu blockieren.

Wenn man ein wenig Übung mit diesen Horoskop-Versammlungen bekommen hat, sind sie ein ausgesprochen hilfreiches Werkzeug, um Situationen und Probleme zu verstehen und wieder zu einem richtigen, mühelosen und effektiven Kurs zurückzufinden, dem man von ganzem Herzen zustimmen kann.

Wie bei so gut wie allen Dingen ist auch hier ein wenig Übung förderlich.

VI   Entwicklung

Man hat sein Horoskop ein Leben klang – daran läßt sich nichts ändern. Man kann allerdings etwas daran ändern, wie man damit umgeht …

VI 1.   Die Seele

Der vermutlich wichtigste Punkt überhaupt ist, daß die eigene Seele das Horoskop ihrer derzeitigen Inkarnation ausgesucht hat. Das Horoskop ist kein von außen aufgezwungenes Schicksal, sondern der Ausdruck des eigenen Willens. Über diese Ansicht kann man durchaus streiten – und ich kenne auch einige Menschen, die da ganz anderer Ansicht sind.

Meine Ansicht stammt zum größten Teil durch meine mittlerweile seit 40 Jahren andauernden Begegnungen mit meiner Seele in Meditationen, Traumreisen und Ritualen, in denen ich sie als meine Quelle erlebe. Sie ist der Unternehmer – meine Psyche ist der Geschäftsführer …

Meine Psyche entsteht aus dem Wesen meiner Seele, der Absicht meiner Seele für ihre derzeitige Inkarnation, meinem Horoskop, das der bestmögliche Stil für die Absicht meiner Seele ist, sowie den Erlebnissen mit den eigenen Eltern, den Geschwistern, den Beziehungen, der Kultur usw. Meine Seele ist meine Identität – meine Psyche ist das Erlebnis der Welt durch meine Seele.

Das bedeutet, das man dann, wenn man den eigenen Ursprung, d.h die eigene Seele erkannt hat, auch in Einklang mit dem eigenen Horoskop kommen und es nicht nur bejahen kann, sondern es als genau das erlebt, was man will.

VI 2.   Horoskop und Chakren

Man kann sich das Horoskop als einen Steinkreis vorstellen und die Chakren als den Weltenbaum in der Mitte dieses Steinkreises. Der Kreis stellt den Stil dar – der ist immer gleich; der Baum stellt das Niveau dar – das kann sehr stark variiert werden.

Wenn man lange Zeit sehr viel Astrologie betreibt, sieht man, wie alle Dinge in ihren Rhythmen festliegen und unausweichlich sind – dann wird man schließlich zum Fatalisten.

Wenn man lange Zeit sehr viel Chakren-Yoga u.ä. betreibt, sieht man, daß sich alle Dinge ändern und weiterentwickeln lassen – dann denkt man schließlich, daß alles möglich ist.

Wenn man jedoch beides betreibt, kann man erkennen, daß es allgemeine Rhythmen gibt, die sich jedoch auf verschiedene Weise, d.h. mit verschiedenem Niveau leben lassen – dann wird eine organische, bodenständige Weiterentwicklung möglich.

VI 3. Das Niveau

Das Niveau ist letztlich der springende Punkt in der gesamten Astrologie: Wie gehe ich mit dem Stand der Planeten in meinem Horoskop und aktuell am Himmel um?

Die damit verbundenen Möglichkeiten zu erkennen und umzusetzen ist keine einfache Sache, da man dazu unter Umstände alte Traumas auflösen muß, allerlei Methoden wie Traumreisen und Familienaufstellungen lernen und vor allem den Mut für Schritte ins Neuland finden muß.

VII Astrologie und Magie

Die Astrologie spielt auch in der Magie auf mehrere Weisen eine Rolle. Allerdings sind astrologische Kenntnisse für das Bewirken von Magie keineswegs generell unverzichtbar – aber sie sind hilfreich …

VII 1. Der günstige Zeitpunkt

Das Problem der günstigen Zeitpunkte ist schon in einem früheren Kapitel betrachtet worden. Auch in der Magie gibt es immer wieder die Schwierigkeit, daß man zwar einen günstigen Zeitpunkt findet, aber man die Magie aus irgendeinem Grund nicht an diesem Zeitpunkt durchführen kann oder man bei ihrer Durchführung an diesem Zeitpunkt gestört wird.

Etwas anders sieht es mit den allgemeineren astrologischen Zeitpunkten aus wie z.B. der Jul-Nacht (Mittwinter, Anfang Steinbock) oder dem Frühlingsanfang (Anfang Widder). Die vier Eckpunkte des Jahres haben die folgenden Bedeutungen bzw. Qualitäten:

> **Frühlingsanfang** (ca. 21. 3.; Sonne bei 0° Widder; Tag- und Nachtgleiche; Frühjahrsfest/Ostern): Symbolik des Anfangs oder Neuanfangs, des Zutagetretens

> **Sommeranfang** (ca. 21. 6.; Sonne bei 0° Krebs; Mittsommer; längster Tag): Hochzeit, Zenit, größte Stärke, das Leben feiern

> **Herbstanfang** (ca. 21. 9.; Sonne bei 0° Waage; Tag- und Nachtgleiche; Erntefest): Ernte, sammeln, sich besinnen, ordnen, pflegen, vorbereiten

> **Winteranfang** (ca. 21. 12.; Sonne bei 0° Steinbock; Mittwinter, Jul; kürzester Tag): Geburt (Christ-Geburt an Weihnachten), Wiedergeburt der Sonne (die Tage werden nun wieder länger), neue Projekte beginnen (gute Vorsätze an Silvester); Jul, Weihnachten und Silvester sind ursprünglich drei Aspekte des Sonnengeburts-Festes gewesen

Diese vier Zeitpunkte, also der Beginn der vier kardinalen Tierkreiszeichen, spielen auch in der astrologischen Wettervorhersage eine große Rolle: Wenn ein Planet an einem dieser vier Punkte steht und dann noch ein Quadrat oder eine Opposition hat (d.h. daß ein zweiter Planet auch an einem dieser vier Punkte steht), wird das Wetter besonders heftig.

Eine auch deutlich bemerkbare Qualität hat der Stand der Sonne in den einzelnen Tierkreiszeichen. Wenn die Monate noch wie vor den verschiedenen mittelalterlichen Kalenderkorrekturen noch mit den Tierkreiszeichen übereinstimmen würden, würden diese Qualitäten sicherlich mehr auffallen als sie das heute tun.

Schließlich gibt es noch die Mondphasen, von denen der Vollmond schon rein optisch am eindrücklichsten ist, aber auch astrologisch die größte Wirkung hat: Er baut eine Spannung auf, die man bei einem entschlossenen Vorgehen für sich nutzen kann. Daher werden viele Rituale an Vollmond durchgeführt. Gut bekannt ist dies von Schwitzhütten-Zeremonien und Wicca-Ritualen. Auch das Osterfest orientiert sich am Vollmond: Es findet an dem Sonntag nach dem ersten Vollmond nach Frühlingsanfang statt.

VII 2. Planeten in Ritualen

Die Planeten spielen in der Magie eine deutlich größere Rolle als die Astrologie allgemein. Die Planeten werden wie Gottheiten betrachtet und in Ritualen angerufen, um die Weihung von Talismanen gebeten, bei Heilungen um Hilfe gefragt usw. Ein wichtiger Grund für diese Entwicklung aus den letzten ca. 150 Jahren ist sicherlich, daß die präzise Definition der Qualitäten der Planeten ihnen ein technisches Flair gibt, was dem technisch geprägten Zeitgeist der letzten 150 Jahre entgegenkommt.

Auch der kabbalistische Lebensbaum, der oft in der Magie verwendet wird, ist mit den Planeten verbunden.

VII 3. Der Tierkreis in Ritualen

Im Gegensatz zu den Planeten spielen die Tierkreiszeichen in der Magie nur eine geringe Rolle – obwohl der 12-geteilte Kreis die Grundordnung in unserer Welt ist: als Tierkreis in der Astrologie, als Struktur des zwölfblättrigen Herzchakras und in der Physik als der Superstring, der das kleinste Element der Superstringtheorie ist.

Es wäre daher lohnend, die Bedeutung des Tierkreises in der Magie zu erforschen. Da diese Zwölferteilung dann auftritt, wenn etwas entsteht und sich ausdehnt, läge es nahe, zu untersuchen, ob es auch in der Magie eine solche 12-fache Ausdehnung, Umsetzung und Verwirklichung gibt. Das ist bisher jedoch noch nicht geschehen.

VII 4. Astrologie und Mythologie

Die Verbindung der Astrologie zu der Mythologie ist eher lose. Zwar sind die Planeten von jeher von den Menschen in Mesopotamien, in Griechenland und im Römischen Reich mit ihren Göttern assoziiert und als deren sichtbares Bild aufgefaßt worden, aber die Qualitäten der Planeten und der Gottheiten haben sich im Laufe der Zeit voneinander entfernt, je genauer die Astrologie erforscht worden ist.

So ist die Venus z.B. in Mesopotamien einst eine Kriegsgöttin und nicht die Liebesgöttin gewesen.

VII 5. Die astrologische Beschreibung des Magie-Stils

Mithilfe der Astrologie läßt sich auch die Art und Weise beschreiben, in der ein Mensch Magie betreibt. Grundlegend sind dabei die vier äußeren Planeten, aber auch die sechs übrigen sind von Bedeutung. Im Grunde betreibt man Magie auf dieselbe Weise wie auch alle anderen Dinge im eigenen Leben.

Der **Pluto** ist die grundlegende Verwandlung – das ist der Kern der Magie.

Der **Neptun** ist die Ausdehnung der Grenze des Bereiches, in dem man wahrnehmen und handeln kann – das sind dann Telepathie (ausgedehnte Wahrnehmung) und Telekinese (ausgedehnte Handlung).

Der **Uranus** ist das Plötzliche, Unerwartete, Neue – was ebenfalls ein wesentliches Element der Magie ist.

Der **Saturn** zeigt, wie man mit Grenzen und Beschränkungen umgeht – und evtl. mit Hilfe der Magie über sie hinausgeht.

Der **Jupiter** zeigt, welche Ziele man in der Magie hat und inwieweit man in der Lage ist, in der Magie mit anderen zusammen zu arbeiten.

Der **Mars** zeigt, wie man seine Kraft in der Magie einsetzt und wie kriegerisch man in der Magie eingestellt ist.

Die **Sonne** zeigt, welche Rolle man sich selber in der Magie beimißt – im Verhältnis z.B. zu den Gottheiten und den Naturgesetzen.

Die **Venus** zeigt, welcher Stil einem gefällt, welche Dinge man sich wünscht und wie man das in der Magie ausdrückt.

Der **Merkur** zeigt die Wichtigkeit von Worten in der Magie, also ob man beim Zaubern viel spricht und denkt oder eher schweigt.

Der **Mond** zeigt den eigenen Umgang mit der Lebenskraft und auch die Bedeutung der Geborgenheit in dem eigenen magischen Weltbild.

Natürlich ist auch der Aszendent eines Menschen von großer Bedeutung für seinen Magie-Stil und auch die Planeten im 1. Haus.

VII 6. Heilung

Schließlich gibt es noch die Verwendung der Astrologie in der Heilung. So zeigt z.B. der Aszendent, welches Organ bei dem betreffenden Menschen eine große Rolle spielt und auch am leichtesten erkranken kann. Diese Organ-Zuordnungen sind schon sehr alt und ausgesprochen verläßlich:

1. Haus (Widder)	– Kopf
2. Haus (Stier)	– Hals
3. Haus (Zwillinge)	– Arme, Hände, Gelenke
4. Haus (Krebs)	– Lymphe
5. Haus (Löwe)	– Herz, Lungen
6. Haus (Jungfrau)	– Verdauung
7. Haus (Waage)	– Nieren
8. Haus (Skorpion)	– Genitalien, Blase, After
9. Haus (Schütze)	– Oberschenkel
10. Haus (Steinbock)	– Knie
11. Haus (Wassermann)	– Schienbein, Waden
12. Haus (Fische)	– Füße

Das Aszendenten-Tierkreiszeichen zeigt, welches Organ am wichtigsten ist. Die Planeten in den astrologischen Häusern zeigen, welcher Körperbereich durch einen Planeten betont ist.

Natürlich spielen auch die Aspekte eine Rolle – sie zeigen, in welchen Bereichen Konflikte und in ihrer Folge dann auch Verletzungen und Krankheiten auftreten können.

VIII   Feinheiten

Es gibt noch ein paar „Feinheiten" in der Deutung eines Horoskops oder einer Planeten-Konstellation, die wichtig sind, weil sie ein besseres Verständnis der Astrologie ermöglichen.

VIII 1.   Die Tierkreiszeichen und die Aspekte

Die Aspekte lassen sich aus dem Tierkreis ableiten und sind folglich genauso grundlegende Qualitäten wie der Tierkreis selber. Dies zeigt sich u.a. auch daran, daß sich der Tierkreis und die Winkel der Aspekte mit denselben Eigenschaften auch in der Physik wiederfinden lassen.

VIII 1. a)   Konjunktion

Die Konjunktion ist der 0°-Winkel, also die Identität – jedes Tierkreiszeichen ist das, was es ist … Dieser alles zusammenhaltende Winkel entspricht in der Physik der Gravitation, die jegliche Materie und jegliche Energie zueinander hin zieht. Dies ist der einfachste aller Aspekte: zwei Planeten, die nebeneinander stehen, bilden eine Einheit.

Das Tierkreiszeichen, daß durch die Konjunktion geprägt ist, ist der Widder: im Hier und Jetzt leben, alles auf eine Karte setzen, vollkommen direkt sein, frisch drauflos handeln …

VIII 1. b)   Opposition

Die Opposition ist der 180°-Winkel, also ein „sich gegenüber stehen". Dies ist die Gegensatz-Ergänzung. Dies entspricht offensichtlich dem Tierkreiszeichen Waage, das gerne Verschiedenes miteinander verbindet und aus dem „Ich" und dem „Du" ein „Wir" machen möchte. Wenn der Widder der Konjunktion entspricht, sollte man auch erwarten, daß die Waage, die dem Widder genau gegenübersteht, der Opposition entspricht.

Generell sind alle Tierkreiszeichen, die sich gegenüber stehen, Gegensatz-

Ergänzungen: das Ich des Widders und das Du der Waage, die Nahrungsaufnahme des Stiers und die Nahrungsausscheidung des Skorpions, die Vielfalt des Zwillings und die Ziel-Ausrichtung des Schützen, das Innen des Krebses und das Außen des Steinbocks, das Besondere des Löwen und das Allgemeine des Wassermanns, und schließlich noch das Detail der Jungfrau und das Ganze der Fische.

Dieser Aspekt entspricht in der Physik der elektromagnetischen Kraft, die zwei Pole hat: „+" und „-" bzw. „Südpol" und „Nordpol". Diese Kraft läßt ein Schwingen und Schaukeln und einen Wechsel zwischen zwei Polen entstehen.

VIII 1. c) Trigon

Das Trigon ist der 120°-Aspekt; drei Trigone ergeben ein gleichseitiges Dreieck. Das Trigon entspricht daher in der Physik der dreipolaren Farbkraft, die in den Protonen und in den Neutronen die drei Quarks zusammenhält.

Das Trigon verbindet gleichartige Qualitäten, die in verschiedenen Ausformungen auftreten. In der Astrologie sind diese gleichartigen Qualitäten die vier Elemente: Ein gleichseitiges Dreieck (also drei Trigone), verbinden jeweils die drei Varianten eines Elementes – Feuer (Widder, Löwe, Schütze), Wasser (Krebs, Skorpion, Fische), Luft (Waage, Wassermann, Zwillinge) und Erde (Steinbock, Stier, Jungfrau). Ein Trigon faßt also drei Varianten einer Grundqualität zu einer organischen Einheit zusammen.

Wenn man vom Widder aus schaut, zu welchem Tierkreiszeichen ein Trigon führen kann, findet man zum einen den Löwen und zum anderen den Schützen. Löwe und Schütze sind die beiden Trigon-Zeichen, so wie der Widder das Konjunktions-Zeichen ist und die Waage das Oppositions-Zeichen. Löwe und Schütze sind die beiden „organischen Zeichen".

VIII 1. d) Sextil

Das Sextil ist sozusagen ein halbes Trigon – ein 60°-Aspekt. Wenn man vom Widder ausgeht, gelangt man mithilfe eines Sextils zu dem Zwilling und zu dem Wassermann – zwei Luftzeichen. Zwilling und Wassermann sind die beiden Sextil-Zeichen – der Zwillinge fügt spielerisch Dinge zu neuen Kombinationen zusammen, der Wassermann fügt Dinge nach strengen Regeln zu neuen Kombinationen zusammen.

Die Luft ist das Element, das dem Feuer verwandt ist. Die bisher beschriebenen Aspekte fassen die Feuer- und Luft-Zeichen zu einer Gruppe von sechs Zeichen zusammen: Widder – Konjunktion; Löwe und Schütze – Trigon; Waage-Opposition;

Zwilling und Wassermann – Sextil. Diese vier Aspekte lassen also eine Gruppe entstehen, die aus den jeweils drei Vertretern von zwei verwandten Elementen besteht.

Ein Sextil führt im Tierkreis immer zu einem Zeichen mit einem verwandten Element: von einem Luftzeichen zu einem Feuerzeichen bzw. von einem Feuerzeichen zu einem Luftzeichen. Das Sextil, also der 60°-Winkel, ist das Prinzip der Gruppenbildung wie man u.a. an Schneeflocken, Waben, der Anordnung von gleich großen Kugeln usw. sehen kann.

Dasselbe gilt natürlich auch für die Wasser- und Erdzeichen, die zusammen ebenfalls eine solche Sextil-Gruppe bilden.

Konjunktion, Opposition, Trigon und Sextil bilden eine Gruppe von Aspekten, deren Qualität der Aufbau einer Gruppe ist. In dieser Gruppe gibt es folglich vier Qualitäten: die Identität der Konjunktion, der Ergänzungs-Gegensatz der Opposition, die Verbindung des Trigons und die Verwandtschaft des Sextils. Diese Gruppe verfügt also durchaus über eine innere Dynamik, die vor allem durch die Opposition in Gang gesetzt wird – diese Dynamik stört jedoch nicht die Gruppe, sondern macht sie lebendig.

VIII 1. e) Quadrat

Die nächsten drei Aspekte haben eine andere Dynamik als die vier, die schon beschrieben worden sind. Die nun folgende Aspekt-Gruppe besteht aus 2 Quadraten, 2 Quincunxen und 2 Halbsextilen, also 6 Aspekten. Auch die vorige Gruppe besteht aus 6 Aspekten: 1 Konjunktion, 1 Opposition, 2 Trigone, und 2 Sextile.

Die eben bereits dargestellte Aspekt-Gruppe hat die Struktur innerhalb einer Tierkreiszeichen-Gruppe (Feuer/Luft bzw. Wasser/Erde) beschrieben und enthält daher verbindende Aspekt-Qualitäten (Konjunktion, Opposition, 2 Trigone, 2 Sextile).

Die jetzt folgende Aspekt-Gruppe stellt das Verhältnis zwischen den beiden Tierkreiszeichen-Gruppen (Feuer/Luft und Wasser/Erde) dar und enthält daher unterscheidende Qualitäten (2 Quadrate, 2 Quincunxe, 2 Halbsextile).

Das Quadrat ist ein 90°-Aspekt und hat die Qualität einer Zeltstange: Zwei Dinge werden getrennt, um einen Raum aufzuspannen. Ein Quadrat führt immer zu einem Zeichen der anderen Element-Gruppe.

Die beiden typischen Quadrat-Zeichen findet man, wenn man vom Widder aus 90° weit in die beiden Richtungen des Tierkreises geht. Dort finden sich das Wasser-Zeichen Krebs und das Erdzeichen Steinbock. Die Spontanität des Widders paßt zunächst einmal weder zu der Introversion des Krebses noch zu der Prinzipientreue des Steinbocks.

Dasselbe gilt für alle 12 Möglichkeiten eines Quadrates im Tierkreis. Es werden stets sich gegenseitig ausschließende Ausrichtungen verbunden. Daher ist es notwendig, daß die beiden Planeten, die durch ein Quadrat miteinander verbunden sind, sich gegenseitig „in Ruhe lassen".

Dieses Prinzip zeigt sich in der Physik u.a. in dem rechten Winkel (90°), der stets zwischen einer elektrischen Welle und der dazugehörigen magnetischen Welle besteht: Beide Wellen sind voneinander durch einen maximalen Winkel-Abstand getrennt.

VIII 1. f)   Quincunx

Das Quincunx ist der 150°-Winkel. Wenn man vom Widder ausgeht, gelangt man mithilfe eines Quincunxes zu dem Erdzeichen Jungfrau und zu dem Wasser-Zeichen Skorpion. Dies sind die beiden Quincunx-Zeichen. Sie zeichnen sich dadurch aus, daß sie nie zufrieden sind ... In Goethes berühmtestem Drama geht es darum, ob Faust irgendwann sagen kann, daß er zufrieden ist oder nicht – und Goethe war Jungfrau mit Skorpion-Aszendent ...

Die Jungfrau will Ordnung schaffen und der Skorpion will eine Spannung aufbauen – das sind die beiden Seiten des Quincunxes. Das Quincunx nimmt stets das auf, was gerade geschieht, und formt damit dann das bereits bestehende System um. Daher ist das Quincunx der „soziale Aspekt", der pflegt, nährt, heilt, verführt, provoziert, verwandelt usw.

Wie das Quadrat führt auch das Quincunx stets zu einem Zeichen der anderen Element-Gruppe. Die beiden Quincunxe, die von einem Zeichen aus im Uhrzeigersinn und gegen den Uhrzeigersinn im Tierkreis verlaufen können, führen wie beim Quadrat (und auch beim noch folgenden Halbsextil) stets zu zwei verschiedenen Elementen: von einem Feuerzeichen aus zu einem Wasser- und einem Erd-Zeichen; von einem Luftzeichen aus zu einem Wasser- und einem Erd-Zeichen; von einem Wasserzeichen aus zu einem Feuer- und einem Luft-Zeichen; und von einem Erdzeichen aus zu einem Feuer- und einem Luft-Zeichen.

VIII 1. g)   Halbsextil

Das Halbsextil ist ein 30°-Aspekt. Er führt zu dem nächsten bzw. vorigen Zeichen im Tierkreis. Daraus ergibt sich auch schon seine Qualität: Weiterentwicklung ...

Vom Widder aus gesehen ist dies der Stier, der die Früchte der Taten des Widders erntet, und der Fisch, dessen Spüren in die Vielfalt der Welt hinein die Grundlage für die spontanen Handlungen des Widders ist.

Ein Halbsextil zeigt daher an, daß alles, was der eine der beiden Planeten erreicht, nicht von Dauer sein kann, sondern sich weiterentwickeln wird.

VIII 1. h)   Solo

Das „Solo" ist streng genommen kein Aspekt, sondern die Abwesenheit von Aspekten. Es kommt bei ungefähr jedem zweiten Horoskop vor, daß ein Planet keine Aspekte hat – er steht also alleine und führt ein „Solo" durch. Das bedeutet, daß man die Qualität dieses Planeten nicht durch andere Planeten lenken kann, sondern nur durch den Regisseur, also durch das Ich.

Daher besteht bei solchen Solo-Planeten die Gefahr, daß sie lange Zeit gar nicht gelebt werden und zu anderen Zeiten völlig dominant sind. Daher wird bei den Solo-Planeten die Wachsamkeit und das Engagement des Regisseurs noch mehr als bei den anderen Aspekten gebraucht.

VIII 2.   Präzise Aspekte

Ein besonderer Fall sind Aspekte, die sehr genau sind. Man kann generell sagen, daß man Aspekte deutlich spüren kann, wenn sie maximal um 3° abweichen, also wenn sie z.B. bei einem Trigon (120°) zwischen 117° und 123° liegen. Bis zu 5° Abweichung ist noch so gerade eben spürbar.

Nun gibt es jedoch in seltenen Fällen auch Aspekte, die sehr genau sind und weniger als 1° Abweichung haben und daher eine sehr starke Wirkung innerhalb des Horoskops haben. Wenn solche Aspekte weniger als ca. 10' abweichen (60' = 1°), beginnen sie das Wesen des betreffenden Menschen oder der betreffenden Situation zu dominieren – letztlich dreht sich dann alles um diesen einen Aspekt. Dieser Aspekt beschreibt dann das Lebensthema des betreffenden Menschen.

VIII 3.   Die zwei Seiten der Aspekte

Wenn man einen Aspekt zwischen zwei Planeten hat, gibt es gleich fünf Dinge, die diesen Aspekt prägen:

1. die Art des Aspektes,
2. die beiden beteiligten Planeten,
3. die Genauigkeit des Aspektes,
4. der äußere Planet prägt den inneren Planeten, und
5. die Entwicklungsrichtung innerhalb des Tierkreises.

Der Ausgangspunkt ist die Art des Aspektes: Konjunktion, Trigon, Quadrat usw. Die Qualität dieses Aspektes ist die Grundlage der gesamten Aspekt-Deutung.

Dann erhält dieser Aspekt durch die beiden beteiligten Planeten zwei „Farben" – die beiden Planeten sind sozusagen zwei Töne, die der Aspekt zu einem Akkord zusammenfügt.

Die Genauigkeit des Aspektes zeigt, wie stark, wichtig und prägend dieser Aspekt in dem betreffenden Horoskop ist.

Der vierte Punkt leitet sich daraus ab, daß die Folge der Planeten entsprechend ihrer scheinbaren Umlaufzeit auch eine Qualitäts-Folge ist:

> die Wahrnehmung des Augenblicks durch den Mond,
> die Analyse der Wahrnehmungen durch den Merkur,
> die Bewertung der Analyse durch die Venus,
> die Entscheidungen der Sonne aufgrund der Bewertungen,
> die Taten des Mars aufgrund der Entscheidungen,
> der Aufbau des Jupiters mithilfe der Taten,
> die Festigung des Aufgebauten durch den Saturn,
> das Hinzufügen von Neuem zu dem Festen durch den Uranus,
> das Erweitern des Ganzen durch vieles Neue durch den Neptun,
> die Steigerung der Erweiterung zur Verwandlung durch den Pluto.

Aus dieser Folge ergibt sich, daß z.B. der Pluto stärker auf den Mond wirkt, als der Mond auf den Pluto: Der Pluto gibt allen Stimmungen des Mondes etwas Existentielles. Natürlich erhält auch der Pluto durch den Mond die Fähigkeiten, sich in Bildern auszudrücken, aber die generelle Richtung bleibt doch immer dieselbe: Die Grundüberzeugungen des Plutos prägen die Befindlichkeit des Mondes.

Letztlich ist natürlich jeder Aspekt eine gegenseitige Beeinflussung: So entstehen die Grundüberzeugungen des Plutos natürlich durch die Bilder, die aus den Wahrnehmungen des Mondes entstehen. Wenn man einen Aspekt jedoch kurzfristig betrachtet, prägt der äußere Planet den inneren Planeten – die andere Richtung wird nur bei längerfristigen Betrachtungen deutlich.

Schließlich gibt es noch den fünften Punkt, der von der Entwicklungsrichtung im Tierkreis abhängt. Die Taten des Widders führen zu dem Sammeln des Stiers, dann weiter zu dem neugierigen Experimentieren des Zwillings, dann zu der Verinnerlichung des Krebses, dann zu der Selbstzentrierung des Löwen, zu der sorgfältigen Ausarbeitung der Jungfrau, zu der Harmonisierung des Waage, zu der Suche nach dem Wesentlichen durch den Skorpion, zu der Ausrichtung auf ein Ziel des Schützen, zu der Festigung des Erreichten durch den Steinbock, zu der Analyse der Welt des Wassermanns, zu dem Mitschwingen mit dem Ganzen der Fische, zu dem spontanen Handeln des Widders usw. Aus dieser Folge ließe sich mühelos eine lange Geschichte verfassen ...

Der Tierkreis hat also eine Drehrichtung – die Tierkreiszeichen bilden eine Folge gegen den Uhrzeigersinn. Daraus ergibt sich, daß ein Planet, der z.B. im Widder steht und durch ein Sextil mit einem Planeten im Zwilling verbunden ist, in der Tierkreiszeichen-Folge in der Vergangenheit liegt, während der Planet im Zwilling in der Zukunft steht. Der Widder-Planet bildet bei diesem Sextil die Grundlage und den Ausgangspunkt für den Planeten im Zwilling. Diese beiden Planeten sind wie Fundament und Haus, Keller und Erster Stock, Wurzel und Krone, Ursache und Wirkung ...

Aus der Folge der beiden an einem Aspekt beteiligten Planeten im Tierkreis läßt sich also etwas über den Charakter dieses Aspektes ableiten. Ein Aspekt hat also in Tierkreisrichtung (gegen den Uhrzeigersinn) gesehen eine etwas andere Qualität als gegen die Tierkreisrichtung (im Uhrzeigersinn) gesehen:

in Tierkreisrichtung (gegen den Uhrzeigersinn): Weiterentwicklung, Fortschritt, Krone, Wirkung, Aufbau, Ziel

gegen die Tierkreisrichtung (im Uhrzeigersinn): Rückbesinnung, Haltsuche, Neuorientierung, Wurzel, Ursache, Absicherung, Ursprung

Die sieben verschiedenen Aspekte und ihre zwei „Richtungs-Qualitäten" werden im Folgenden etwas detaillierter beschrieben.

Die **Konjunktion** hat einen Abstand von 0°. Zwei Planeten, die durch eine Konjunktion verbunden sind, sind wie eine Ehe – sie treten immer gemeinsam auf. Die Konjunktion lehrt Einsgerichtetheit.

Da der 0°-Winkel der Konjunktion wieder zu sich selber führt, gibt es nur eine Form der Konjunktion.

(Für Fortgeschrittene: Man kann allerdings auch bei einer Konjunktion den Planeten, der gegen den Uhrzeigersinn gesehen zuerst kommt, als die Ursache und den anderen Planeten als die Wirkung ansehen – oder den ersten Planeten als den „Erschaffer" und den zweiten Planeten als den „Weiter-Verarbeiter". Der erste der beiden Planeten ist sozusagen der dominante Partner in dieser

Ehe.)

Der Widder lebt im Hier und Jetzt, in der Eingerichtetheit – das entspricht der Konjunktion.

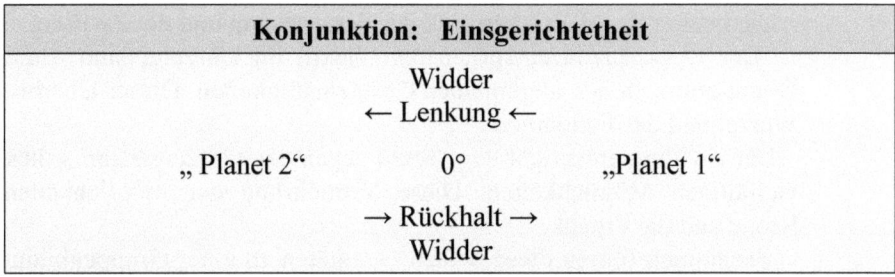

Konjunktion: Eingerichtetheit
Widder ← Lenkung ← „Planet 2"   0°   „Planet 1" → Rückhalt → Widder

Das **Halbsextil** hat einen Abstand von 30°. Zwei Planeten, die durch ein Halbsextil verbunden sind, sind wie eine zufällige, aber bedeutungsvolle Begegnung – sie sind ein Entwicklungschritt. Das Halbsextil lehrt Loslassen.

Die beiden Halbsextil-Zeichen sind der Fisch und der Stier.

Der Fisch entspricht dem Halbsexil im Uhrzeigersinn – dies ist die intuitive Rückbesinnung auf den Ursprung. Diese Intuition ist die Wurzel und das Fundament.

Der Stier entspricht dem Halbsextil gegen den Uhrzeigersinn – dies ist der Schritt ins Neuland, bei dem das Angenehme aufgenommen und das Unangenehme abgewiesen wird. Diese Unterscheidung ist die Krone und die Frucht.

Zusammen führen diese beiden Qualitäten zu einer Neuorientierung durch das Halbsextil. Der Fisch gibt dem Halbsextil die Sicherheit, auch in dem Unbekannten den eigenen Weg finden zu können – der Stier stellt die Möglichkeit bereit, das Angenehme aufzuspüren zu können und das Unangenehme vermeiden zu können. Auf diese Weise kann man mithilfe des Halbsextils in sicherer Weise Neuland betreten und sich weiterentwickeln.

Halbsextil: Weiterentwicklung
Stier ← harmonische Neustrukturierung ← „Planet 2"   30°   „Planet 1" → intuitive Rückbesinnung → Fische

Das **Sextil** hat einen Abstand von 60°. Zwei Planeten, die durch ein Sextil verbunden sind, sind wie ein Begegnung zwischen zwei Bekannten, die ihre Telefonnummern ausgetauscht haben – sie können sich gegenseitig zu Hilfe rufen. Das Sextil lehrt Gemeinschaft.

Die beiden Sextil-Zeichen sind der Wassermann und der Zwilling.

Der Wassermann entspricht dem Sextil im Uhrzeigersinn – dies ist die Orientierung an den allgemeinen Gesetzmäßigkeiten. Dieser Überblick ist die Wurzel und das Fundament.

Der Zwilling entspricht dem Sextil gegen den Uhrzeigersinn – dies sind die vielfältigen Möglichkeiten. Diese Vermehrung der Möglichkeiten ist die Krone und die Frucht.

Zusammen führen diese beiden Qualitäten zu einer Gruppenbildung durch das Sextil. Der Wassermann legt die allgemeinen Gruppen-Regeln fest – der Zwilling erforscht neugierig, was man mit diesen Regeln alles machen kann. Auf diese Weise kann man durch das Sextil eine Gruppe erschaffen, die für alle Mitglieder eine Bereicherung ist.

Sextil: Gruppenbildung
Zwillinge ← Vermehrung der Vielfalt ← „ Planet 2"   60°   „Planet 1" → gemeinsames Grundprinzip → Wassermann

Das **Quadrat** hat einen Abstand von 90°. Zwei Planeten, die durch ein Quadrat verbunden sind, sind wie eine Trennung – sie sind wie eine Zeltstange, die die Plane oben und die Plane unten auseinanderhält und dadurch einen Raum erschafft. Das Quadrat lehrt Freiheit.

Die beiden Quadrat-Zeichen sind der Steinbock und der Krebs.

Der Steinbock entspricht dem Quadrat im Uhrzeigersinn – dies ist der Bezug auf ein solides Fundament in der Außenwelt. Diese erdbebenfeste Grundlage ist die Wurzel und das Fundament.

Der Krebs entspricht dem Quadrat gegen den Uhrzeigersinn – dies ist die Schaffung eines geschützten Innenraums. Dieser geschützte Innenraum ist die Krone und die Frucht.

Zusammen führen diese beiden Qualitäten zu dem Schutz des Innen gegen das Außen durch das Quadrat. Der Steinbock sorgt für einen sicheren Halt in der Welt – der Krebs sorgt für ein warmes Nest daheim. Auf diese Weise kann man durch das Quadrat einen Raum erschaffen, der nach außen hin hart und kühl ist und nach innen hin warm und weich.

Quadrat: Raumschaffung
Krebs ← Gestaltung des Innenraums ← „ Planet 2“   90°   „Planet 1“ → Gestaltung des Außenraums → Steinbock

Das **Trigon** hat einen Abstand von 120°. Zwei Planeten, die durch ein Trigon verbunden sind, sind wie eine Freundschaft – sie helfen sich in allen Situationen. Das Trigon lehrt Verläßlichkeit.

Die beiden Trigon-Zeichen sind der Schütze und der Löwe.

Der Schütze entspricht dem Trigon im Uhrzeigersinn – dies ist das Ideal, das eine Orientierung in der Welt gibt. Dieses Erkennen des Bestmöglichen ist die Wurzel und das Fundament.

Der Löwe entspricht dem Trigon gegen den Uhrzeigersinn – dies ist der Selbstausdruck, der das Ziel in der Welt ist. Dieser Leben aus der eigenen Mitte heraus ist die Krone und die Frucht.

Zusammen führen diese beiden Qualitäten zu einem organischen Lebensstil durch das Trigon. Der Schütze ermöglicht es, den besten Weg zu sehen – der Löwe hat die Kraft, ihn dann auch selbstbewußt zu gehen. Auf diese Weise kann man durch das Trigon die eigenen Persönlichkeit strahlen lassen

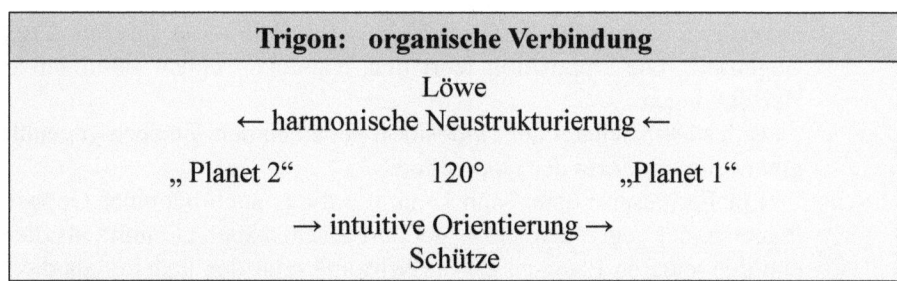

Trigon: organische Verbindung
Löwe ← harmonische Neustrukturierung ← „ Planet 2“   120°   „Planet 1“ → intuitive Orientierung → Schütze

Das **Quincunx** hat einen Abstand von 150°. Zwei Planeten, die durch ein Quincunx verbunden sind, sind wie ein ständiger Aufbau von Ordnung und Spannung – sie fordern und fördern in jedem Augenblick den vollkommenen Realitätsbezug. Das Quincunx lehrt die Liebe zur Welt.

Die beiden Quincunx-Zeichen sind der Skorpion und die Jungfrau.

Der Skorpion entspricht dem Quincunx im Uhrzeigersinn – dies ist das Erkennen der grundlegenden Kräfte in der Welt. Dieses Verständnis dessen, „was die Welt im Innersten zusammenhält", ist die Wurzel und das Fundament.

Die Jungfrau entspricht dem Quincunx gegen den Uhrzeigersinn – dies ist das Ordnen der Dinge, sodaß sie reibungslos funktionieren. Dieses erfolgreiche Gestalten im Detail ist die Krone und die Frucht.

Zusammen führen diese beiden Qualitäten zu dem Erreichen der wichtigsten Dinge durch das Quincunx. Der Skorpion erkennt die grundlegenden Kräfte in dieser Welt – die Jungfrau erschafft die Formen, die sie braucht. Zusammen können sie durch die Kenntnis der grundlegenden Kräfte immer neue und effektivere Formen in ihrem Leben erschaffen.

Quincunx: Neuformung
Jungfrau ← Ordnen und Heilen ←
„ Planet 2"   150°   „Planet 1"
→ Suche nach den Wurzeln → Skorpion

Die **Opposition** hat einen Abstand von 180°. Zwei Planeten, die durch eine Opposition verbunden sind, sind wie zwei Pole – sie sind ein Ergänzungs-Gegensatz. Die Opposition lehrt den Wandel in einem ständigen Hin- und Herschwingen.

Da der 180°-Winkel der Opposition genau zu dem Zeichen gegenüber führt, gibt es nur ein Form der Opposition.

(Für Fortgeschrittene: Man kann allerdings auch bei einer Opposition den Planeten, der gegen den Uhrzeigersinn gesehen zuerst kommt, als die Ursache und den anderen Planeten als die Wirkung oder den anderen als die Wirkung ansehen – oder den ersten Planeten als den „Erschaffer" und den zweiten Planeten als den „Weiter-Verarbeiter". Der erste Planet ist in diesem Fall der, der gegen den Uhrzeigersinn gesehen einige Grade näher an dem anderen ist –

z.B. 179° statt 180° wie bei der präzisen Opposition. Dieser erste Planet hat einen etwas größeren Einfluß auf den Rhythmus des Wechsels zwischen diesen beiden Planeten.

Wenn der Mars bei 10° Widder steht und die Venus bei 12° Waage, sind es in der Tierkreisrichtung (gegen den Uhrzeigersinn) gesehen vom Mars bis zur Venus 182°, aber von der Venus bis zum Mars nur 178°. Die Venus ist somit der 1. Planet und die Grundlage, der Mars hingegen der 2. Planet und die Weiterentwicklung.)

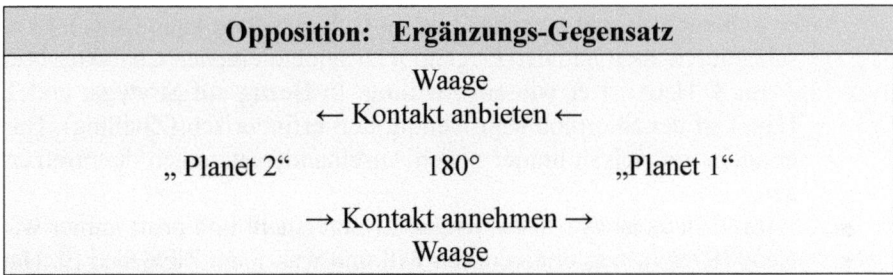

VIII 4. Tierkreiszeichen und Häuser

Zunächst einmal beschreiben die Tierkreiszeichen den Stil eines Planeten und die Häuser den Lebensbereich, in dem ein Planet aktiv ist.

Man kann die Häuser jedoch auch als Hilfe für ein besseres Verständnis der Tierkreiszeichen benutzen. Das Verfahren dazu ist recht einfach und läßt sich am besten an einem Beispiel veranschaulichen:

Der Skorpion verhält sich im 1. Haus wie ein Skorpion – er fühlt, denkt, will und handelt skorpionisch …

Im 2. Haus ist der Skorpion jedoch wie ein Schütze, also wie das Zeichen das auf den Skorpion folgt: Er will stets das Beste (Schütze) besitzen (2. Haus) – er ist ein Genießer. Das ergibt sich daraus, daß der Skorpion stets nach Intensität sucht.

Im 3. Haus ist er wie ein Steinbock: Er prüft alles, was ihm begegnet (3. Haus), ob es wirklich das ist, was es zu sein vorgibt (Steinbock). Das ergibt sich aus dem Mißtrauen des Skorpions, der stets in die Tiefe gräbt und nach verborgenen Motivationen und Möglichkeiten sucht.

Im 4. Haus ist er wie ein Wassermann: Seine Heimat (4. Haus) liegt nicht an einem Ort, sondern in einer Weltanschauung (Wassermann). Das zeigt sich u.a. darin, daß der Skorpion seine Ansichten mit großer Vehemenz vertritt.

Im 5. Haus ist er wie ein Fisch: Seine Selbstdarstellung und sein Selbstausdruck (5. Haus) variieren je nach der augenblicklichen Situation (Fisch). Das ergibt sich aus den ständigen Verwandlungen des Skorpions.

Im 6. Haus ist er wie ein Widder: Ordnungen und Heilungen (6. Haus) stellt er spontan her – und immer wieder anders (Widder). Das liegt daran, daß der Skorpion alles als im Fluß befindlich erlebt.

Im 7. Haus ist er wie ein Stier: Er sucht nach einem Du (7. Haus), bei dem er sich auch einmal ausruhen und einfach genießen kann (Stier). Er kann zwischendurch auch mal den Gegenpol zu seinem eigenen Charakter brauchen.

Im 8. Haus ist er wie ein Zwilling: In Bezug auf Strategie und Taktik (8. Haus) ist der Skorpion sehr wendig und erfinderisch (Zwilling). Das braucht er auch, um sich in immer neuen Auseinandersetzungen durchsetzen zu können.

Im 9. Haus ist er wie ein Krebs: Er untersucht und prüft immer wieder aufs Neue (Krebs), was er eigentlich will und was seine Ziele sind (9. Haus). Dies liegt daran, daß er kein festes Selbstbild hat, sondern sich als einen Prozeß und als in einem ständigen Wandel erlebt.

Im 10. Haus ist er wie ein Löwe: In der Öffentlichkeit (10. Haus) setzt er sich in Szene und setzt sich lautstark gegen alle anderen durch (Löwe). Dies ist darin begründet, daß der Skorpion stets von dem, wie er die Dinge sieht, überzeugt ist und dies meistens auch für allgemeingültig hält.

Im 11. Haus ist er wie eine Jungfrau: Weltanschauungen (11. Haus) werden sehr genau untersucht (Jungfrau) – und ebenso die Mitglieder des Vereins der Gleichgesinnten, in dem er Mitglied ist. Schließlich will er sich nur an solchen Ansichten orientieren und mit solchen Menschen umgeben, die ihm loyal sind und die ihn in dem unterstützen, was er erreichen will.

Im 12. Haus ist er wie eine Waage: Bei allen markanten Konturen ist der Skorpion doch gegenüber allen Menschen bzw. Lebewesen (12. Haus) mitfühlend und hilfsbereit (Waage). Das ergibt sich daraus, daß er sich als einen Prozeß in einem Kontinuum erlebt.

Wie man sieht, kann man den Charakter eines Tierkreiszeichens in die 12 Häuser zerlegen und diesen Häusern dann die Folge der Tierkreiszeichen zuordnen. Dadurch ergibt sich dann eine differenzierte Beschreibung des Tierkreiszeichens, durch die man die eine oder andere Eigenschaften entdecken kann, die man vorher übersehen hat.

Das Verfahren ist immer dasselbe. So ist z.B. der Krebs im 1. Haus wie ein Krebs, im 2. Haus wie ein Löwe, im 3. Haus wie eine Jungfrau usw.

Lediglich beim Widder mit seiner direkten Art entspricht das Haus immer dem Tierkreiszeichen: Er ist im 1. Haus wie ein Widder, im 2. Haus wie ein Stier, im 3. Haus wie ein Zwilling usw.

Der Winkel-Abstand von dem Tierkreiszeichen zu dem Haus entspricht stets dem Aspekt, der zu dem betreffenden Tierkreiszeichen gehört. Beim Widder ist dies die Konjunktion: Das 1. Haus entspricht dem Widder, das 2. Haus entspricht dem Stier usw. Bei dem Quincunx-geprägten Skorpion ist dies das Quincunx: im 1. Haus, das dem Widder entspricht, steht der Skorpion, der 150° vom Widder entfernt ist; im 2. Haus, das dem Stier entspricht, steht der Schütze, der 150° vom Stier entfernt ist, usw.

Diese inneren Strukturen des astrologischen Systems muß an nicht unbedingt kennen, um Horoskope deuten zu können, aber ihre Kenntnis kann einem helfen, die Einseitigkeiten zu vermeiden, zu denen man bei der Deutung aufgrund des eigenen Horoskopes neigen wird.

VIII 5.   Die Aspekt-Gefüge

Es reicht bei der Betrachtung eines Horoskops nicht aus, nur die einzelnen Aspekte zu betrachten, denn erst die Kombination mehrerer Aspekte zu Dreiecken, Quadraten, Rechtecken, Rauten und anderen, noch komplexeren Formen zeigen erst die grundlegende Dynamik in einem Horoskop.

Ein erster Schritt, um dieser Dynamik näherzukommen, besteht darin, daß man in einem Horoskop schaut, welche Planeten mit welchen verbunden sind. In den meisten Fällen findet man dabei 2 bis 4 Gruppen von Planeten. So könnten z.B. Pluto, Sonne, Mars und Jupiter Aspekte zueinander haben, aber keine Aspekte zu den übrigen Planeten. Dann könnte z.B. Mond, Venus und Merkur durch Aspekte verknüpft sein und eine zweite Planetengruppe bilden. Dann bliebe der Uranus und der Neptun, die einen Aspekt zueinander haben könnten und schließlich noch der Saturn, der ohne Aspekte zu den anderen alleine steht.

Somit gäbe es in diesem Horoskop vier Aspektgruppen: 1. Pluto, Sonne, Mars und Jupiter; 2. Mond, Venus und Merkur; 3. Uranus und Neptun; und 4. Saturn. In der Psyche des Betreffenden gibt es folglich vier voneinander unabhängige Bereiche, die nur durch das Ich („Regisseur") koordiniert werden können.

Nun kann man die Gruppendynamik in diesen vier Gruppen betrachten. Bei dem Solo und bei der Zweigruppe ist das einfach, bei der Dreiergruppe hat man jedoch schon zwei oder drei Aspekte, die zusammenwirken und eine komplexere Dynamik ergeben.

Wenn z.B. Mond und Merkur eine Opposition zueinander haben, wird man ständig zwischen Empfinden (Mond) und Denken/Reden (Merkur) hin- und herwechseln. Wenn dann die Venus z.B. ein Trigon zu dem Mond und ein Sextil zu dem Merkur hat, wird die Besinnung auf die eigenen Gefühle (Venus) stets Frieden in den ständigen Wandel der Opposition bringen, da die Venus durch zwei verbindende Aspekte (Trigon, Sextil) mit Mond und Merkur verbunden ist. Die Venus ist also die Ausgleichende in diesem Aspekt-Gefüge.

VIII 6. Die verborgenen Dissonanzen

Es gibt einige Feinheiten bei der Deutung, die nicht gleich auffallen. Sie entstehen dadurch, daß Aspekte nicht ganz genau sein müssen, also z.B. ein Trigon nicht immer genau 120° groß ist, sondern 5° abweichen dürfen – bei einem Trigon wären das dann 115-125°.

Ein Trigon verbindet eigentlich zwei Tierkreiszeichen mit demselben Element, also z.B. die beiden Feuerzeichen Widder und Löwe. Wenn jedoch der eine Planet bei 28° Widder steht, endet ein ungenaues Trigon von 124° bei 2° in der Jungfrau. Das führt dazu, daß hier zwei verschiedene Elemente mit einem Trigon verbunden werden.

Das Trigon bleibt natürlich trotzdem ein Trigon, aber die „Freundschaft" (Trigon) zwischen den beiden beteiligten Planeten ist dann ein bißchen schwieriger als normalerweise, da verschiedene Stile (Elemente) integriert werden müssen.

Dasselbe gilt auch für die Häuser. Normalerweise führt ein Sextil zwei Häuser weiter. Da die Häuser jedoch sehr verschieden groß sie können, führt ein Sextil manchmal auch drei oder vier Häuser weiter oder nur ein Haus weiter. Es kommt sogar vor, daß sich ein Sextil innerhalb eines einzigen Hauses befindet.

Nah am Äquator sind die Häuser gleich groß – nah an den Polen sind die Größenunterschiede zwischen den Häusern am größten.

VIII 7. Vielfalt

Zum Schluß dieses Kapitels folgt nun noch eine Überlegung zu der Vielfalt der Horoskope.

Es gibt 12 Tierkreiszeichen – das teilt die Menschheit in 12 Gruppen auf.

Dann gibt es 12 verschiedene Aszendenten – das teilt die Menschheit in 144 Gruppen auf.

Auch der Mond kann in 12 verschiedenen Tierkreiszeichen stehen – das teilt die Menschheit schon in 1728 Gruppen auf.

Dasselbe gilt auch für die anderen fünf klassischen Planeten, also für Merkur, Venus, Mars, Jupiter und Saturn – das teilt die Menschheit dann bereits in 430 Millionen verschiedene Gruppen auf.

Schließlich kann man auch noch Uranus, Neptun und Pluto hinzunehmen, die auch wieder in jeweils 12 verschiedenen Tierkreiszeichen stehen können – das teilt die Menschheit in 743 Milliarden Gruppen auf. Das sind weit mehr unterschiedliche Horoskope als es seit der Entstehung der Menschen in der frühen Altsteinzeit überhaupt an Menschen gegeben hat.

Bedenkt man jetzt noch, daß ein Planet in einem Tierkreiszeichen an verschiedenen Stellen stehen kann und sich dadurch ganz verschiedene Aspekt-Gefüge ergeben, kann man davon ausgehen, daß das eigene Horoskop einmalig ist – falls nicht in dem Kreißsaal nebenan noch ein Kind zu demselben Zeitpunkt geboren worden ist …

IX Deutungs-Elemente

Eine ausführliche Schilderung aller Planetenstände in den Tierkreiszeichen und in den Häusern sowie der Aspekte und der Aspekt-Gefüge würde ein ziemlich dickes Buch ergeben. Da sie jedoch die Grundlage der Astrologie sind, folgt hier eine sehr kurze Kurzfassung dieser Kombinationsmöglichkeiten – sie ist nur eine erste Übersicht für Anfänger.

Ein grundlegendes Prinzip in der Astrologie ist, das man kein Element alleine deuten kann. Man muß natürlich zunächst einmal den Aszendenten und die zehn Planeten einzeln deuten, aber die Deutung der Planeten ist immer auch durch den Aszendenten gefärbt, da dieser die allgemeine Vorgehensweise beschreibt. So ist z.B. der Merkur in der Jungfrau stets handwerklich-sachlich, aber wenn der Betreffende einen Waage-Aszendenten hat, wird er stets versuchen, seine Erkenntnisse für den anderen möglichst leicht verständlich sowie ästhetisch ansprechend darzustellen – schließlich sucht die Waage das gegenseitige Verständnis und die Harmonie.

Wenn man dann die Aspekte deutet, wird der Blick auf das Ganze noch wichtiger, da kein Aspekt alleine dasteht, sondern immer Teil der Gesamtdynamik des Aspektgefüges in dem Horoskop des Betreffenden ist.

Schließlich ist es auch noch förderlich, die verschiedenen Möglichkeiten, einen Aspekt zu leben, darzustellen – und vor allem dem Betreffenden die Möglichkeit begreiflich zu machen, den eigenen Stil zu bejahen und das Niveau des eigenen Stils immer weiter zu steigern.

Dieser Gesamtblick ist etwas, was erst im Laufe der Zeit durch die Übung, also durch das Deuten vieler Horoskope entsteht.

IX 1. Die Planeten in den Tierkreiszeichen

Das Tierkreiszeichen beschreibt, welchen Stil, welche Rolle und welchen Charakter ein Planet, der in diesem Zeichen steht, erhält.

IX 1. a) Mond

<u>Widder</u>: Man ist spontan und heftig und direkt, die Stimmungen wechseln ständig, mal lebt und erlebt im Augenblick, man sieht die Dinge mal so und mal so, man mag keine halben Sachen, auch die nächtlichen Träume sind kurz, schlicht und intensiv, man geht schnell Kontakte ein und bricht sie auch schnell wieder ab – ein Wirbelwind.

<u>Stier</u>: Man ist eher bedächtig, auf das Erhalten des Guten und auf die Abgrenzung gegen das Unangenehme bedacht, man sammelt und hortet und genießt – ein Koch und ein Gärtner.

<u>Zwillinge</u>: Die Stimmungen sind sehr beweglich, man ist neugierig und reaktionsschnell, man verabscheut Langeweile und ist unternehmungslustig, man sieht (fast) alles, begreift schnell, hat ständig neue Ideen – ein vielfältiger Spaßvogel.

<u>Krebs</u>: Man ist empfindsam, betrachtet ausgiebig das eigene Innenleben, interessiert sich für den sozialen Bereich, die Familie ist das Wichtigste, man hat ein reiches Innenleben – eine Mimose.

<u>Löwe</u>: Man geht stets selbstbewußt vor, hat stets sich selber und die eigenen Bedürfnisse im Blick und setzt sie durch, will im Mittelpunkt der Aufmerksamkeit stehen – ein Salonlöwe.

<u>Jungfrau</u>: Man ist vorsichtig, behutsam, will immer erst mal die Umstände kennenlernen, prüft die Möglichkeiten, ist sowohl sachkundig als auch berechnend, wird leicht durch Kleinigkeiten irritiert und leicht durch Kleinigkeiten erfreut – ein Handwerker.

<u>Waage</u>: Man sucht die Harmonie, ist ausgleichend, schlichtend und verbindend, orientiert sich an der Schönheit und der Sympathie, ist freundlich, offenherzig, diplomatisch – ein charmanter Schöngeist.

<u>Skorpion</u>: Man strebt nach der größtmöglichen Intensität, hat stets das Wichtigste im Blick, schaut hinter die Kulissen, verwandelt sich immer wieder einmal, man prüft, forscht, untersucht, provoziert, dominiert und fragt nach den tiefsten Wurzeln des Lebens – ein tiefer Geist.

<u>Schütze</u>: Bei allem, was man sieht, sieht man auch sofort, was es werden könnte, weshalb man sich stets in Aufbruchstimmung befindet, mehrere Projekte am Laufen

hat und ein wenig rastlos ist – ein tätiger Idealist.

Steinbock: Man ist sachlich, realitätsbezogen, langsam, gründlich, sucht die größte Autorität auf, erschafft solide Fundamente, baut darauf auf, hält sich an Regeln und nutzt alle Regeln – ein Realist.

Wassermann: Man schwebt über den Dingen und betrachtet sie von oben her, hat den Blick auf das Allgemeingültige gerichtet, schätzt das Zusammensein mit Gleich-gesinnten, gründet Vereine – ein Professor.

Fische: Man ist mit allem verbunden, hat ein feines Gespür für alle Dinge, ahnt, was als nächstes kommen wird, erreicht die Ziele mit einem Minimum an Aufwand, fühlt sich als Teil des Ganzen – der Kapitän eines Segelschiffes.

IX 1. b)   Merkur

Widder: Man denkt und redet eher schlicht, man betrachtet das Einzelne und den Augenblick, man argumentiert gradlinig und direkt und man vereinfacht auch schon mal.

Stier: Man muß wissen, wozu das Denken gut ist, denn warum sollte man sonst denken? Das Thema des Denkens muß greifbar sein, es muß zu einem erweiterten Genießen führen – kein Denken um des Denkens willen.

Zwillinge: Man kann mühelos neue Ansichten und Zusammenhänge erfassen, hat Spaß daran, die Dinge auch mal auf den Kopf zu stellen und sich dann neu anzu-schauen, man redet schnell und quirlig und spielt gerne verbales Pingpong.

Krebs: Man betrachtet die Dinge erst einmal eine Weile, bevor man etwas dazu sagt. Das Denken ist eher ein Brüten über Bildern als ein präzises Formulieren. Man sagt viel weniger als man denkt. Man ist im Gespräch empfindsam und verteidigt sich bei Dissonanzen entweder heftig oder zieht sich zurück. Man sucht durch die Sprache stets den Kontakt zu dem anderen.

Löwe: Die allermeisten Sätze beginnen mit dem Wort 'ich', da das Denken stets vom Ich ausgeht und zu dem Ich hinführt. Man versteht Dinge nur, wenn man sie auf sich selber und auf das eigene Erleben bezieht.

Jungfrau: Wenn die Grundlagen geklärt und die Prinzipien definiert sind, kann die Jungfrau Schritt für Schritt einen Sachverhalt logisch erfassen und darstellen. Der Blick ist stets aufs Detail und auf die Richtigkeit der Argumentation gerichtet.

Waage: Man vergleicht, wägt ab, verbindet, sucht nach dem übergeordneten Blick-punkt, von dem aus die Harmonie wiederherstellbar ist, versteht sowohl den einen als auch den anderen, erlebt sich als Teil des Gespräches und hat deshalb auch im Gespräche mit verschiedenen Menschen scheinbar verschiedene Meinungen – man ist im Denken und im Sprechen Du-bezogen.

Skorpion: Man ist kritisch, zweifelt, hinterfragt alle Dinge, sucht nach den Motivationen hinter den Worten, argumentiert sehr strategisch, ist ausgesprochen emotional im Denken und Reden, aber verbirgt das meist hinter sachlich scheinenden Argumenten – ein scharfsinniger Denker und Redner.

Schütze: Man hat stets das Ziel im Auge, weshalb das Denken und Reden stets ein Mittel ist, um ein Ziel zu erreichen: Perspektiven, Projekte, zielführende Argumentation, Orientierung, Ausrichtung, Koalitionen usw.

Steinbock: Das Wesentliche ist die Sachlichkeit – das, was man denkt und sagt, soll stimmen und verläßlich sein und ein solides Fundament bilden. Daher prüft man lange, orientiert an sich der größtmöglichen Autorität und denkt, lernt und spricht eher langsam und bedächtig.

Wassermann: Man denkt in Systemen, nach Prinzipien und sucht nach der Weltformel. Man schaut von oben her auf die Welt und will das Allgemeingültige finden und schlüssig formulieren.

Fische: Man denkt in Ahnungen und spricht in Andeutungen; man orientiert sich an Eindrücken und kommt weitgehend ohne sichtbare Logik zu zutreffenden Einschätzungen und Schlußfolgerungen.

IX 1. c) Venus

Widder: Die Gefühle sind spontan und feurig: heute so – morgen so. Sie entstehen aus dem Augenblick heraus und sind im Augenblick wahr … und im nächsten Augenblick evtl. auch schon wieder anders.

Stier: Die Gefühle sind genießerisch und bewahrend; man versucht, das Angenehme zu besitzen – auch wenn das Menschen sind. Man schätzt das Ansprechend und schmückt das, was man mag.

Zwillinge: Die Gefühle sind beweglich und brauchen stets das Neue – sie wollen erforschen, wie bunt die Welt ist.

Krebs: Die Gefühle sind empfindsam und introvertiert und suchen letztlich eine Familie, in der man geborgen ist.

Löwe: Die Gefühle sind ich-bezogen und man geht stets auf Ganze, man ist feurig-romantisch.

Jungfrau: Die Gefühle sind vorsichtig und prüfen erst einmal und sichern ab – man ist durch Kleinigkeiten erfreut und durch Kleinigkeiten irritiert.

Waage: Die Gefühle suchen Harmonie und Schönheit und man hat Freude am flirten und an vielen Kontakten.

Skorpion: Die Gefühle sind heftig und erobernd, sie können provozieren, verführen, vor den Kopf stoßen und sind immer intensiv.

Schütze: Die Gefühle brauchen ein Ziel um aufzuglühen, doch wenn das da ist, gibt es kein Halten mehr und man stürmt voran.

Steinbock: Die Gefühle sind langsam und beständig, manchmal geradezu chronisch – man sucht die lebenslange Sicherheit und Verläßlichkeit.

Wassermann: Die Gefühle sind abstrakt, d.h. man fühlt sich von einem Prinzip angezogen – und alle die diesem Prinzip entsprechen, findet man schön und liebenswert und begehrenswert.

Fische: Die Gefühle sind diffus, verschwimmend; sie kommen und gehen; sie geben in dem Meer der Ereignisse Orientierung und man schwimmt mit den Gefühlen und dem Leben mit.

IX 1. d) Sonne

Die Sonne z.B. im Widder ist das, was man gewöhnlich als „Ich bin Widder." bezeichnet. Der Sonne ist zwar nur einer der zehn Planeten im Horoskop, aber durchaus ein wichtiger.

Widder: Entscheidungen werden spontan getroffen und man sieht sich selber als ein Wesen, das in jedem Augenblick neu entsteht.

Stier: Entscheidungen werden aus der Genuß- und Schutzperspektive heraus getroffen und man sieht sich selber als eine weitgehend organische Ansammlung von verschiedenen Elementen.

Zwillinge: Entscheidungen werden gerne aus der Perspektive der Neugier heraus getroffen und man sieht sich selber als der rote Faden in einer Vielfalt von Erlebnissen und Begegnungen.

Krebs: Über bevorstehende Entscheidungen wird lange „gebrütet" und man sieht sich selber als Teil einer Familie.

Löwe: Entscheidungen werden aus der Perspektive des Selbstausdrucks, der Selbstverwirklichung und der Selbstdarstellung heraus getroffen und man will in jeder Situation der Mittelpunkt sein.

Jungfrau: Entscheidungen werden in allen Details wohlüberlegt und man sieht sich selber als ein komplexes Uhrwerk, in dem alle Teile ineinandergreifen.

Waage: Entscheidungen werden in Bezug auf sich selber und die anderen getroffen, damit eine möglichst große Harmonie entsteht, und man sieht sich selber als jemanden, der in der Welt Verbindungen zwischen Menschen und allgemein Schönheit erschafft.

Skorpion: Entscheidungen werden so getroffen, daß die größtmögliche Intensität erreicht wird, und man sieht sich selber als ein Wesen, daß nach Tiefe sucht und sich immer wieder aufs Neue verwandelt.

Schütze: Entscheidungen werden stets in die Richtungen des bestmöglichen Zieles hin getroffen und man sieht sich selber als Projektleiter und Verbesserer der Welt.

Steinbock: Entscheidungen werden nach dem Kriterium der Tragfähigkeit und der Dauerhaftigkeit getroffen und man sieht sich selber als einen unwandelbaren Fels.

Wassermann: Entscheidungen werden aus einer Theorie und einem Konzept heraus getroffen und man sieht sich selber als Mitglied in einer Gruppe von Gleichgesinnten.

Fische: Entscheidungen werden intuitiv getroffen und man sieht sich selber als Kapitän eines Segelschiffes, der Wind und Strömung nutzt, um ans Ziel zu kommen.

IX 1. e) Mars

Widder: Das Handeln ist spontan und direkt und kann keine Umwege oder komplexe Zusammenhänge leiden.

Stier: Das Handeln ist genußorientiert und kommt nur in Gang, wenn absehbar ist, daß es viele Früchte trägt.

Zwillinge: Das Handeln ist sehr beweglich und man macht nicht gerne dieselbe Sache immer wieder auf dieselbe Weise.

Krebs: Das Handeln ist langsam, aber stetig, und ist kommt in Wellen, die nach und nach das Ziel erreichen.

Löwe: Das Handeln ist selbstbestimmt und braucht die Freiheit, das eigene Vorgehen selber gestalten zu können.

Jungfrau: Das Handeln ist sorgfältig und bedenkt alle Details und macht bisweilen komplexe Pläne für das eigene Vorgehen.

Waage: Das Handeln ist an der gesamten Umgebung orientiert und bedenkt, um die Harmonie zu erhalten, alle beteiligten Menschen und Umstände mit – die Effektivität steigt im gemeinsamen Handeln deutlich an.

Skorpion: Das Handeln ist wie das klassische Drama: Erst tut sich nicht viel, dann steigert es sich, dann kommt es zu der Verwandlung und dann entspannt es sich wieder.

Schütze: Das Handeln braucht ein Ziel, um Begeisterung, Kraft und Effektivität zu entfalten.

Steinbock: Das Handeln ist langsam, stetig und an allen relevanten Regeln orientiert und daher auch verläßlich.

Wassermann: Das Handeln ist an den Konzepten und der Weltsicht orientiert und braucht eine Utopie, um so richtig in Gang zu kommen.

Fische: Das Handeln folgt dem Weg des geringsten Widerstandes und kommt so mit geringem Aufwand auf oft seltsamen Wegen ans Ziel.

IX 1. f) Jupiter

Widder: Man strebt immer wieder neue Ziele an und kann keine Fünf-Jahres-Plä-
ne brauchen, sondern die spontane Wahl des nächsten Zieles.

Stier: Man strebt einen geschützten Ort des Genusses mit reichlich Vorräten an allen guten Dingen an.

Zwillinge: Man strebt das an, was gerade am interessantesten aussieht und was
noch unbekannt ist – nur keine Langeweile und Eintönigkeit!

Krebs: Man strebt vor allem einen inneren und möglichst auch äußeren Zustand
der Geborgenheit an.

Löwe: Man strebt an, sich selber auszudrücken und darzustellen – das Ziel ist
letztlich die Selbsterfahrung.

Jungfrau: Man strebt sorgfältig ausgewählte und geplante Ziele an, die man mit
viel Sachkenntnis und Geschick verwirklichen will.

Waage: Man strebt vor allem das Erschaffen einer Beziehung an: die Begegnung
von Ich und Du ist der höchste Wert.

Skorpion: Man strebt immer wieder neue Ziele an – jenachdem, welches Ziel
gerade die größte Lust und die größte Intensität verspricht.

Schütze: Man strebt stets das Beste an – und wenn es erreicht ist, braucht man ein
neues, noch besseres und höheres Ziel.

Steinbock: Man strebt das an, was einem dauerhaft gesehen am wichtigsten ist
und ordnet dem alle anderen Bedürfnisse unter.

Wassermann: Man strebt eine Form des universellen Zusammenlebens an, einen
Verein von Gleichgesinnten, der dieselbe Utopie anstrebt.

Fische: Man strebt ein Lebensgefühl an, daß nur wenig an bestimmte konkrete
äußere Umstände gebunden ist, sondern eher ein Verhältnis zur gesamten Welt ist.

IX 1. g) Saturn

Widder: Man findet seinen Halt im Augenblick und in den derzeitigen Umständen.
Die Lebenserfahrungen sind daher einzelne Erinnerungen, die in ähnlichen Situationen wieder bewußt werden.

Stier: Man findet seinen Halt im Wissen um das, was einem gut tut. Die Lebenserfahrungen sind daher eine Orientierung am Genußvollen und Wohltuenden – und im

Kontrast dazu natürlich auch am Schädigenden.

Zwillinge: Man findet seinen Halt im Erkennen der Vielfalt der Möglichkeiten. Die Lebenserfahrungen sind daher eine Sammlung von Wegen und ihren Wirkungen – sowie von allerlei Abkürzungen, Umwegen und interessanten Möglichkeiten.

Krebs: Man findet seinen Halt und seinen Schutz vor der Außenwelt im eigenen Inneren – im Bild der Großen Mutter. Die Lebenserfahrungen sind daher sehr subjektiv und bildhaft und auf das Bewahren der eigenen Geborgenheit ausgerichtet.

Löwe: Man findet seinen Halt in seinem Selbstbild. Die Lebenserfahrungen sind daher ausgesprochen subjektiv und egozentrisch, aber im Gegensatz zum Krebs nach außen hin ausgerichtet.

Jungfrau: Man findet seinen Halt in der Sachkenntnis und im Wissen um die Details. Die Lebenserfahrungen sind daher sehr differenziert und vielfältig und im Idealfall gut geordnet.

Waage: Man findet seinen Halt in Beziehungen und Freundschaften und im Erkennen der allem zugrundeliegenden Schönheit. Die Lebenserfahrungen sind daher zum einen konkret auf einzelne Menschen bezogen und zum anderen auch allgemein auf Begegnungsdynamiken.

Skorpion: Man findet seinen Halt in der Fixierung auf die heftigsten Erlebnisse – sowohl die guten als auch die schrecklichen. Die Lebenserfahrungen sind daher ein schwarz-weißes Bild, das von den zentralen Erlebnisses geprägt wird.

Schütze: Man findet seinen Halt in der Zukunft, in seinen Projekten und in Zielen. Die Lebenserfahrungen sind daher Startblöcke für die Zukunft, für das weitere Vorgehen.

Steinbock: Man findet seinen Halt in der sachlichen Betrachtung und in der Realität, in den Autoritäten des betreffenden Bereichs. Die Lebenserfahrungen sind daher ein sachlich-trockenes Fundament, auf dem man alles in seinem Leben aufbaut.

Wassermann: Man findet seinen Halt in der Theorie, die die Welt erklärt – in der Weltformel. Die Lebenserfahrungen sind daher zu einer recht abstrakten Beschreibung der Welt umgeformt worden, die einem eine allgemeine Orientierung gibt.

Fische: Man findet seinen Halt in dem Erspüren der Strömungen in der Welt. Die Lebenserfahrungen sind daher sehr unkonkret und sind eher Stimmungen und Ahnungen, die aber trotzdem verläßlich sind.

IX 1. h)   Uranus

Widder: Das Ungewöhnliche erscheint im Augenblick und ist ein kreativer Einfall – oder ein Tritt daneben.

Stier: Das Ungewöhnliche erkennt neue Genußmöglichkeiten und erweitert dadurch den eigenen Besitz.

Zwillinge:　Das Ungewöhnliche ist eine neue Möglichkeit – eigentlich sind es meistens viele neue Möglichkeiten.

Krebs:　Das Ungewöhnliche ist eine Form der Verwandtschaft, die man bisher noch nicht bemerkt hat.

Löwe:　Das Ungewöhnliche ist eine Veränderung und Weitung des eigenen Selbstbildes, ein bislang unbekannter Aspekt der eigenen Identität.

Jungfrau:　Das Ungewöhnliche erscheint im Detail, aber ermöglicht große Veränderungen.

Waage:　Das Ungewöhnliche erschafft eine neue Verbindung, eine neue Harmonie, eine neue Form der Schönheit.

Skorpion:　Das Ungewöhnliche ermöglicht eine neue Stufe der Intensität und meist auch eine Verwandlung.

Schütze:　Das Ungewöhnliche ist ein neues Ziel, ein neues Projekt und ein neuer optimaler Zustand.

Steinbock:　Das Ungewöhnliche ist eine Veränderung im Fundament oder ein Wechsel der prägenden Autorität.

Wassermann:　Das Ungewöhnliche ist eine neue Theorie, eine neue Weltformel oder etwas bescheidener ein bisher nicht wahrgenommenes Grundprinzip.

Fische:　Das Ungewöhnliche ist eine neue Strömung, ein neuer Wind, eine neue Form der Unterstützung.

IX 1. i)　Neptun

Widder:　Die Grenzen werden spontan im Augenblick geweitet – der Augenblick weitet sich zur Welterkenntnis.

Stier:　Die Grenzen werden durch neue Formen des Genusses geweitet – das Genießen weitet sich zu einem Umarmen der Welt.

Zwillinge:　Die Grenzen werden durch neue Möglichkeiten geweitet – die neuen Möglichkeiten weiten sich zu der großen Buntheit der Welt.

Krebs:　Die Grenzen werden durch neu erkannte Verwandtschaften geweitet – die neuen Verwandtschaften werden zu einer großen Innigkeit des Kontakts.

Löwe:　Die Grenzen werden durch Selbsterkenntnis geweitet – die Selbsterkenntnis wird zu der Erkenntnis der Welt als eines einzigen, großen Lebewesens geweitet.

Jungfrau:　Die Grenzen werden im Detail geweitet – das Erkennen der neuen Details öffnet das Tor zu der Erkenntnis größerer Zusammenhänge.

Waage:　Die Grenzen werden durch neue Kontakte und Begegnungen geweitet – die Begegnung wird zu einer Symbiose.

Skorpion: Die Grenzen werden durch das Erreichen einer neuen Tiefe und Intensität geweitet – die Intensität wird zum Tanz des Lebens geweitet.

Schütze: Die Grenzen werden durch neue Ziele geweitet – die neuen Ziele werden zu einem Projekt der Erlösung der Welt.

Steinbock: Die Grenzen werden durch neue Autoritäten und Mächte geweitet – die Autorität wird schrittweise zur Allmacht.

Wassermann: Die Grenzen werden durch das Erkennen neuer Grundprinzipien geweitet – diese Grundprinzipien fügen sich zu der Weltformel zusammen.

Fische: Die Grenzen werden durch Ahnungen geweitet – die diffusen Ahnungen wachsen zu einem sicheren Gespür für das Kommende heran.

IX 1. j) Pluto

Widder: Die Welt wird als eine Folge von Augenblicken begriffen, die alle völlig autonom sind und in sich selber ruhen.

Stier: Die Welt wird als Substanz begriffen, die es zu behalten, zu pflegen und zu genießen gilt.

Zwillinge: Die Welt wird als Vielfalt verstanden, deren Buntheit unermeßlich und unerschöpflich ist.

Krebs: Die Welt wird als Innenleben angesehen, als Lebenskraft, in deren Zentrum das Urvertrauen der Großen Mutter steht.

Löwe: Die Welt wird als allumfassendes Individuum gesehen – Gott ist das Bewußtsein der Welt, die wiederum Gottes Körper ist.

Jungfrau: Die Welt wird als ein großes Uhrwerk begriffen, in dem alle Teile reibungslos mit allen anderen zusammenwirken.

Waage: Die Welt wird als allumfassende Harmonie begriffen, die aus sich ergänzenden Gegensätzen besteht.

Skorpion: Die Welt wird als endloser Kampf, Ekstase, Verwandlungen und Streben nach immer größerer Intensität verstanden.

Schütze: Die Welt wird als etwas, das sich auf ein Ziel hin entwickelt begriffen, weshalb Gott eigentlich die Zukunft ist.

Steinbock: Die Welt wird als Gesetz aufgefaßt, dem jeder unterworfen ist und in dem jeder nur dann gedeihen kann, wenn er dieses Gesetz befolgt.

Wassermann: Die Welt wird als systematisch strukturierte Einheit und als die Konkretisierung eines Grundprinzips angesehen.

Fische: Die Welt wird als ewiger Wandel erlebt, als ein ewiges Fließen und Schwimmen, in dem es keine feste Formen gibt.

IX 2. Die Planeten in den Häusern

Die 12 Häuser des Horoskops stellen die Wirkungsbereiche dar, in denen die Planeten in dem Leben des Betreffenden erscheinen.

IX 2. a) Mond

1. Haus: Die Stimmungen, das Nähebedürfnis und die Bildhaftigkeit des Mondes wirken bei allem mit – der Betreffende ist ein sensibler, nähebedürfiger Mensch.

2. Haus: Die Stimmungen, das Nähebedürfnis und die Bildhaftigkeit des Mondes wirken im Bereich des Körpers, der Ernährung, der Wohnung, des Besitzes und des Geldes – man braucht ein warmes Nest, hat Milch im Kühlschrank stehen und mag weiche, kuschelige Kleidung, versorgt andere oder wird von anderen versorgt.

3. Haus: Die Stimmungen, das Nähebedürfnis und die Bildhaftigkeit des Mondes wirken im Bereich der Begegnungen und des Lernens und Lehrens – man ist einfühlsam, fühlt sich inmitten von vielen Menschen am wohlsten und ist immer für neue Eindrücke offen.

4. Haus: Die Stimmungen, das Nähebedürfnis und die Bildhaftigkeit des Mondes wirken im Bereich des Unterbewußtseins, der Familie und der Heimat – man sucht und erschafft die Geborgenheit in der Familie und der Heimat; man ist der Familientyp.

5. Haus: Die Stimmungen, das Nähebedürfnis und die Bildhaftigkeit des Mondes wirken im Bereich des Selbstausdrucks und der Selbstdarstellung – man erlebt sich im Kontakt mit anderen Menschen, man drückt sich durch Bilder aus und man kann es nicht leiden, wenn andere die eigene Stimmung ändern wollen.

6. Haus: Die Stimmungen, das Nähebedürfnis und die Bildhaftigkeit des Mondes wirken im Bereich des Ordnens, Pflegens und Heilens – man ordnet und heilt durch Lebenskraft und Einfühlungsvermögen.

7. Haus: Die Stimmungen, das Nähebedürfnis und die Bildhaftigkeit des Mondes wirken im Bereich der Freundschaften und Beziehungen – man will mit dem Du kuscheln und mit ihm Geborgenheit erleben.

8. Haus: Die Stimmungen, das Nähebedürfnis und die Bildhaftigkeit des Mondes wirken im Bereich der Intensität, der Forschung und der Ekstase – man erforscht die inneren Bilder, achtet auf die Mimik und Gestik der anderen und sucht nach der Intensität des Kontaktes.

9. Haus: Die Stimmungen, das Nähebedürfnis und die Bildhaftigkeit des Mondes wirken im Bereich der Ziele und Projekte – die Zukunft wird als Bild entworfen und

enthält vor allem das Ideal der Nähe, der Wärme und der Geborgenheit.

10. Haus: Die Stimmungen, das Nähebedürfnis und die Bildhaftigkeit des Mondes wirken in der Öffentlichkeit – man sorgt dafür, daß es auch in öffentlichen Zusammenhängen freundlich und fürsorglich zugeht und engagiert sich daher sozial und karitativ; Nähe soll beständig sein.

11. Haus: Die Stimmungen, das Nähebedürfnis und die Bildhaftigkeit des Mondes wirken im Bereich der Gruppen der Gleichgesinnten – man strebt nach Geborgenheit für alle Lebewesen und nach der Erkenntnis des Wesens der inneren Bilder, damit man auch die ihnen zugrundeliegenden Urbilder erfassen kann.

12. Haus: Die Stimmungen, das Nähebedürfnis und die Bildhaftigkeit des Mondes wirken in der Begegnung mit der Welt als Ganzes – man sucht die Geborgenheit in der Welt als Ganzes und die Geborgenheit, die aus der Welt zu einem kommt.

IX 2. b)   Merkur

1. Haus: Das Denken und das Sprechen des Merkurs wirken bei allem mit – der Betreffende versteht alles sehr schnell und es fällt ihm schwer zu schweigen.

2. Haus: Das Denken und das Sprechen des Merkurs wirken im Bereich des Körpers, der Ernährung, der Wohnung, des Besitzes und des Geldes – man verdient Geld mit Worten, jongliert mit dem Besitz und ißt die verschiedensten Dinge.

3. Haus: Das Denken und das Sprechen des Merkurs wirken im Bereich der Begegnungen und des Lernens und Lehrens – man spricht oft mit vielen Menschen, hört gerne Neuigkeiten und möchte jeden Tag etwas Neues erleben.

4. Haus: Das Denken und das Sprechen des Merkurs wirken im Bereich des Unterbewußtseins, der Familie und der Heimat – man braucht Vertrautheit, um frei und offen sprechen zu können, und man benutzt die Sprache, um Kontakte herzustellen.

5. Haus: Das Denken und das Sprechen des Merkurs wirken im Bereich des Selbstausdrucks und der Selbstdarstellung – man erlebt sich selber am intensivsten im Denken und Sprechen; man spricht so, wie man es will und läßt sich dabei nicht reinreden – das „Ich denke, also bin ich" wird zu einem „Ich bin so, wie ich denke."

6. Haus: Das Denken und das Sprechen des Merkurs wirken im Bereich des Ordnens, Pflegens und Heilens – man schätzt das heilende Gespräche und den Austausch mit anderen, durch den die Dinge wieder geordnet werden.

7. Haus: Das Denken und das Sprechen des Merkurs wirken im Bereich der Freundschaften und Beziehungen – man will mit dem Du vor allem sprechen und neue Ideen hören und sich austauschen.

8. Haus: Das Denken und das Sprechen des Merkurs wirken im Bereich der Intensität, der Forschung und der Ekstase – man ist ein Forscher, der alle Dinge

hinterfragt und so zu immer tieferen Erkenntnissen kommt.

9. Haus: Das Denken und das Sprechen des Merkurs wirken im Bereich der Ziele und Projekte – man spricht gerne über seine Ziele und man lenkt jedes Gespräch auf den möglichen und zu erreichenden Idealzustand hin.

10. Haus: Das Denken und das Sprechen des Merkurs wirken in der Öffentlichkeit – man spricht gerne in der Öffentlichkeit und veröffentlicht auch Artikel und Bücher; man strebt nach gut fundierten und sicheren Erkenntnissen.

11. Haus: Das Denken und das Sprechen des Merkurs wirken im Bereich der Gruppen der Gleichgesinnten – man denkt in Konzepten und vor dem Hintergrund einer Weltanschauung sowie in Hinblick auf die angestrebte Utopie.

12. Haus: Das Denken und das Sprechen des Merkurs wirken in der Begegnung mit der Welt als Ganzes – man denkt und spricht in Ahnungen, Vermutungen und entsprechend dem eigenen Gespür.

IX 2. c) Venus

1. Haus: Die Gefühle und der Schönheitssinn der Venus wirken bei allem mit – der Betreffende ist ein gefühlvoller und charmanter Mensch.

2. Haus: Die Gefühle und der Schönheitssinn der Venus wirken im Bereich des Körpers, der Ernährung, der Wohnung, des Besitzes und des Geldes – man schmückt seinen Leib und seinen Besitz und verdient sein Geld durch Schönheit und Harmonie.

3. Haus: Die Gefühle und der Schönheitssinn der Venus wirken im Bereich der Begegnungen und des Lernens und Lehrens – man möchte in allen Begegnungen Harmonie schaffen, flirtet mit fast jedem und verbreitet Schönheit.

4. Haus: Die Gefühle und der Schönheitssinn der Venus wirken im Bereich des Unterbewußtseins, der Familie und der Heimat – man erschafft die Nähe durch viel Charme, Erotik und Schönheit.

5. Haus: Die Gefühle und der Schönheitssinn der Venus wirken im Bereich des Selbstausdrucks und der Selbstdarstellung – Flirten ist das Lebenselixier, das Element, in dem man sich am lebendigsten fühlt, aber auch das Erschaffen von Harmonie und Schönheit werden als belebend erlebt.

6. Haus: Die Gefühle und der Schönheitssinn der Venus wirken im Bereich des Ordnens, Pflegens und Heilens – Schönheit ist heilsam und Flirten macht gesund.

7. Haus: Die Gefühle und der Schönheitssinn der Venus wirken im Bereich der Freundschaften und Beziehungen – die Begegnung mit einem Du ist vor allem die Suche nach Erotik, Harmonie und Schönheit.

8. Haus: Die Gefühle und der Schönheitssinn der Venus wirken im Bereich der Intensität, der Forschung und der Ekstase – die Schönheit und die Erotik leben aus

einer inneren Spannung heraus, aus dem Feuer des Augenblicks, aus dem Wissen um die Vergänglichkeit aller Dinge.

9. Haus: Die Gefühle und der Schönheitssinn der Venus wirken im Bereich der Ziele und Projekte – man verliebt sich auf den ersten Blick und strebt immer nur das Beste an.

10. Haus: Die Gefühle und der Schönheitssinn der Venus wirken in der Öffentlichkeit – man wirkt durch Charme und Schönheit und sucht nach beständigen Beziehungen.

11. Haus: Die Gefühle und der Schönheitssinn der Venus wirken im Bereich der Gruppen der Gleichgesinnten – man liebt ein Prinzip und alle, die diesem Prinzip entsprechen, liebt man; man neigt daher zur Polyamorie.

12. Haus: Die Gefühle und der Schönheitssinn der Venus wirken in der Begegnung mit der Welt als Ganzes – man ist erfüllt von einer Liebe zum Leben und zur Welt als Ganzes und man möchte die Welt mit Schönheit erfüllen.

IX 2. d) Sonne

1. Haus: Die Egozentrik und die Selbstliebe der Sonne wirken bei allem mit – der Betreffende schätzt jegliche Individualität hoch ein und steht selber ganz klar im Mittelpunkt seines Lebens.

2. Haus: Die Egozentrik und die Selbstliebe der Sonne wirken im Bereich des Körpers, der Ernährung, der Wohnung, des Besitzes und des Geldes – man will sein Aussehen, seine Kleidung usw. selber bestimmen, man braucht eine repräsentative Wohnung und will stets genug Geld haben, um sich alles leisten zu können, worauf man gerade Lust hat.

3. Haus: Die Egozentrik und die Selbstliebe der Sonne wirken im Bereich der Begegnungen und des Lernens und Lehrens – man erlebt sich selber in der Vielfalt der Begegnungen und achtet darauf, daß man möglichst immer der Mittelpunkt des Geschehens bleibt.

4. Haus: Die Egozentrik und die Selbstliebe der Sonne wirken im Bereich des Unterbewußtseins, der Familie und der Heimat – man will der Boß in der Familie sein und sie so gestalten und lenken, wie man es haben will.

5. Haus: Die Egozentrik und die Selbstliebe der Sonne wirken im Bereich des Selbstausdrucks und der Selbstdarstellung – jede Kritik an einem selber ist geradezu Majestätsbeleidigung; der eigene strahlende Selbstausdruck ist der höchste Wert.

6. Haus: Die Egozentrik und die Selbstliebe der Sonne wirken im Bereich des Ordnens, Pflegens und Heilens – jegliche Heilung geschieht durch die Wiederherstellung der eigenen Identität.

7. Haus: Die Egozentrik und die Selbstliebe der Sonne wirken im Bereich der Freundschaften und Beziehungen – der Kontakt mit Du ermöglicht es, sich selber sehr viel intensiver zu erleben als man dies allein vermöchte.

8. Haus: Die Egozentrik und die Selbstliebe der Sonne wirken im Bereich der Intensität, der Forschung und der Ekstase – das Ich ist etwas, was sich immer wieder verwandelt und erst in der großen Intensität aufblüht.

9. Haus: Die Egozentrik und die Selbstliebe der Sonne wirken im Bereich der Ziele und Projekte – man hat die Entfaltung des vollen eigenen Potentials fest im Blick.

10. Haus: Die Egozentrik und die Selbstliebe der Sonne wirken in der Öffentlichkeit – man sieht sich als öffentliche Person und ist meist vielen gut bekannt und strebt nach dem erwünschten Ruf in der Allgemeinheit, also nach Ruhm.

11. Haus: Die Egozentrik und die Selbstliebe der Sonne wirken im Bereich der Gruppen der Gleichgesinnten – man sieht sich selber als eine besondere Ausformung eines allgemeinen Prinzips; man neigt zur Dominanz in den Gruppen von Gleichgesinnten, in denen man Mitglied ist.

12. Haus: Die Egozentrik und die Selbstliebe der Sonne wirken in der Begegnung mit der Welt als Ganzes – man sieht sich als Tropfen im Meer und als Strömung in einem Fluß, der sich fortwährend verwandelt und neue Formen annimmt.

IX 2. e) Mars

1. Haus: Die Tatkraft und die Erotik des Mars wirken bei allem mit – der Betreffende ist tatkräftig und kämpferisch und lustorientiert.

2. Haus: Die Tatkraft und die Erotik des Mars wirken im Bereich des Körpers, der Ernährung, der Wohnung, des Besitzes und des Geldes – man ißt gerne Fleisch, trägt Turnschuhe und erkämpft sich seinen Lebensunterhalt.

3. Haus: Die Tatkraft und die Erotik des Mars wirken im Bereich der Begegnungen und des Lernens und Lehrens – man fühlt sich in einer Vielfalt von Tätigkeiten, Begegnungen und Liebschaften am wohlsten und tut nicht gerne mehrmals nacheinander dasselbe.

4. Haus: Die Tatkraft und die Erotik des Mars wirken im Bereich des Unterbewußtseins, der Familie und der Heimat – für die Tatkraft und die Sexualität braucht man ein Mindestmaß an Geborgenheit und Vertrautheit, aber ist dann auch verläßlich, rücksichtsvoll und hilfsbereit, da man für die Familie arbeitet.

5. Haus: Die Tatkraft und die Erotik des Mars wirken im Bereich des Selbstausdrucks und der Selbstdarstellung – man erlebt sich im Sex und im Tanz, im Kampf und im Sport am intensivsten.

6. Haus: Die Tatkraft und die Erotik des Mars wirken im Bereich des Ordnens,

Pflegens und Heilens – man erlernt Kampftechniken, die Feinheiten des Kamasutra, das Erwecken der Kundalini und ist der Ansicht, daß es stets ein größeres Maß an Kraft, Sex und Tanz ist, die die Ordnung oder die Gesundheit wiederherstellt.

7. Haus: Die Tatkraft und die Erotik des Mars wirken im Bereich der Freundschaften und Beziehungen – Beziehung ist Sex, Arbeit und Kampf … und Kundalini, Ekstase und Tantra.

8. Haus: Die Tatkraft und die Erotik des Mars wirken im Bereich der Intensität, der Forschung und der Ekstase – man verführt gerne andere mit der eigenen großen Ausstrahlung und man erreicht die eigenen Ziele mit großem taktischem Geschick.

9. Haus: Die Tatkraft und die Erotik des Mars wirken im Bereich der Ziele und Projekte – das Maß an Kraft, das einem zur Verfügung steht, wächst mit der Größe und Überzeugungskraft der Ziele.

10. Haus: Die Tatkraft und die Erotik des Mars wirken in der Öffentlichkeit – man setzt die eigene Kraft für den Kampf um das Allgemeinwohl ein; man macht stets Nägel mit Köpfen.

11. Haus: Die Tatkraft und die Erotik des Mars wirken im Bereich der Gruppen der Gleichgesinnten – man kann am besten in einer Gruppe, die eine gemeinsame Utopie verfolgt, handeln und kämpfen.

12. Haus: Die Tatkraft und die Erotik des Mars wirken in der Begegnung mit der Welt als Ganzes – man handelt intuitiv und geht den Weg des geringsten Widerstandes zu seinem Ziel und läßt sich dabei von Wind und Strömung tragen.

IX 2. f)   Jupiter

1. Haus: Die Ziele und das Organisationstalent des Jupiters wirken bei allem mit – der Betreffende organisiert sein Leben und manchmal auch das der anderen und sammelt eine große Fülle an.

2. Haus: Die Ziele und das Organisationstalent des Jupiters wirken im Bereich des Körpers, der Ernährung, der Wohnung, des Besitzes und des Geldes – man schafft sich eine Fülle an Dingen an: einen „barocken Bauch", gut gefüllte Vorratskammern, reichlich Wohnraum, ein gut gefülltes Konto, weitere Liegenschaften, Erbschaften usw.

3. Haus: Die Ziele und das Organisationstalent des Jupiters wirken im Bereich der Begegnungen und des Lernens und Lehrens – wohin man auch kommt, wird man schnell zum Organisator und knüpft Verbindungen zwischen sich und anderen sowie auch unter den anderen; man erkennt auch viele Möglichkeiten und Potentiale und regt daher viele Menschen an.

4. Haus: Die Ziele und das Organisationstalent des Jupiters wirken im Bereich des

Unterbewußtseins, der Familie und der Heimat – man ist der Organisator in der Familie und hält fast alle Fäden in der Hand.

5. Haus: Die Ziele und das Organisationstalent des Jupiters wirken im Bereich des Selbstausdrucks und der Selbstdarstellung – die eigenen Ziele streben stets den Selbstausdruck an.

6. Haus: Die Ziele und das Organisationstalent des Jupiters wirken im Bereich des Ordnens, Pflegens und Heilens – die Neuorganisation des Lebens führt zur Ordnung und Heilung.

7. Haus: Die Ziele und das Organisationstalent des Jupiters wirken im Bereich der Freundschaften und Beziehungen – Beziehungen und Freundschaften bestehen vor allem im gemeinsamen Organisieren des Lebens.

8. Haus: Die Ziele und das Organisationstalent des Jupiters wirken im Bereich der Intensität, der Forschung und der Ekstase – Ziele müssen immer wieder einmal überprüft und neu formuliert werden; man organisiert die Einhaltung der Prinzipien – oder eben auch mal das Brechen dieser Prinzipien.

9. Haus: Die Ziele und das Organisationstalent des Jupiters wirken im Bereich der Ziele und Projekte – man organisiert die eigene Entfaltung zum Bessern hin und auch die Entwicklung seiner Umgebung.

10. Haus: Die Ziele und das Organisationstalent des Jupiters wirken in der Öffentlichkeit – man will etwas aufbauen, was Bestand hat.

11. Haus: Die Ziele und das Organisationstalent des Jupiters wirken im Bereich der Gruppen der Gleichgesinnten – man ist der beinahe unentbehrliche Organisator in den Vereinen, denen man angehört.

12. Haus: Die Ziele und das Organisationstalent des Jupiters wirken in der Begegnung mit der Welt als Ganzes – man will das Beste für die ganze Welt und läßt sich selber das Beste von der Welt schenken.

IX 2. g) Saturn

1. Haus: Der Realitätssinn und der Erfahrungsschatz des Saturns wirken bei allem mit – der Betreffende strebt stets die Beständigkeit an und ist unflexibel und haltgebend.

2. Haus: Der Realitätssinn und der Erfahrungsschatz des Saturns wirken im Bereich des Körpers, der Ernährung, der Wohnung, des Besitzes und des Geldes – man ist sparsam im Verbrauch, kommt mit wenig aus, aber baut sich im Laufe des Lebens eine solide Grundlage auf und man verändert nur selten seinen Wohnort, seinen Beruf, seine Kleidung und seine Ernährungsgewohnheiten.

3. Haus: Der Realitätssinn und der Erfahrungsschatz des Saturns wirken im

Bereich der Begegnungen und des Lernens und Lehrens – man knüpft neue Kontakt erst dann, wenn man ihren möglichen Nutzen erkannt hat, und ist dann aber auch verläßlich.

4. Haus: Der Realitätssinn und der Erfahrungsschatz des Saturns wirken im Bereich des Unterbewußtseins, der Familie und der Heimat – die Erhaltung der Familie ist der oberste Wert, da dies der Rückhalt des Betreffenden ist.

5. Haus: Der Realitätssinn und der Erfahrungsschatz des Saturns wirken im Bereich des Selbstausdrucks und der Selbstdarstellung – man braucht zum Selbstausdruck ein Fundament, eine Ausbildung und einen festen Rahmen und erschafft auch selber solche Regeln und festen Formen.

6. Haus: Der Realitätssinn und der Erfahrungsschatz des Saturns wirken im Bereich des Ordnens, Pflegens und Heilens – eine klare Ordnung ermöglicht das Sortieren und das Wiederherstellen des heilen Zustandes.

7. Haus: Der Realitätssinn und der Erfahrungsschatz des Saturns wirken im Bereich der Freundschaften und Beziehungen – Beziehungen und Freundschaften müssen vor allem beständig, zuverlässig und berechenbar sein.

8. Haus: Der Realitätssinn und der Erfahrungsschatz des Saturns wirken im Bereich der Intensität, der Forschung und der Ekstase – man ist ein Ordnungshüter und setzt seine Ansichten und Leitlinien mit viel Nachdruck durch.

9. Haus: Der Realitätssinn und der Erfahrungsschatz des Saturns wirken im Bereich der Ziele und Projekte – das Optimale wird durch klare Regeln erreicht und gesichert.

10. Haus: Der Realitätssinn und der Erfahrungsschatz des Saturns wirken in der Öffentlichkeit – man ordnet sich den allgemeinen Regeln unter und will zugleich die Öffentlichkeit regeln und die Einhaltung dieser Regeln durch die Allgemeinheit sichern.

11. Haus: Der Realitätssinn und der Erfahrungsschatz des Saturns wirken im Bereich der Gruppen der Gleichgesinnten – man hält die Gruppen aufrecht, in denen man Mitglied ist und sorgt dafür, daß das Notwendige getan wird.

12. Haus: Der Realitätssinn und der Erfahrungsschatz des Saturns wirken in der Begegnung mit der Welt als Ganzes – man will der Welt Halt geben und von ihr Halt erhalten: eine Vision der Abgrenzungslosigkeit, die von Verantwortung für das Ganze und Vertrauen in das Ganze getragen wird.

IX 2. h) Uranus

1. Haus: Der Ideenreichtum und die Freude an Neuem des Uranus wirken bei allem mit – der Betreffende ist ein wenig „verrückt" und mag das Plötzliche und

Unerwartete.

2. Haus: Der Ideenreichtum und die Freude an Neuem des Uranus wirken im Bereich des Körpers, der Ernährung, der Wohnung, des Besitzes und des Geldes – man zieht gerne um, probiert oft neue Speisen, hat die verschiedensten Berufe und trägt manchmal auffällige Kleidung.

3. Haus: Der Ideenreichtum und die Freude an Neuem des Uranus wirken im Bereich der Begegnungen und des Lernens und Lehrens – je exotischer die Begegnung, desto besser; man will stets Neues erleben und fürchtet nichts so sehr wie die Langeweile.

4. Haus: Der Ideenreichtum und die Freude an Neuem des Uranus wirken im Bereich des Unterbewußtseins, der Familie und der Heimat – Familie und Heimat wechseln immer wieder einmal, jenachdem, wo man gerade die meiste Geborgenheit und Innigkeit finden kann.

5. Haus: Der Ideenreichtum und die Freude an Neuem des Uranus wirken im Bereich des Selbstausdrucks und der Selbstdarstellung – ich selber sein bedeutet, jederzeit jegliche ausgefallenen und verrückten Dinge tun zu können.

6. Haus: Der Ideenreichtum und die Freude an Neuem des Uranus wirken im Bereich des Ordnens, Pflegens und Heilens – um heil zu werden, braucht man etwas Neues, und um eine gute Ordnung zu erlangen, braucht man neue Ordnungs-Kriterien.

7. Haus: Der Ideenreichtum und die Freude an Neuem des Uranus wirken im Bereich der Freundschaften und Beziehungen – man hat in Freundschaften und Beziehungen eine Vorliebe für „schräge Vögel".

8. Haus: Der Ideenreichtum und die Freude an Neuem des Uranus wirken im Bereich der Intensität, der Forschung und der Ekstase – man findet immer eine Lücke in dem, was erlaubt, moralisch und vorgesehen ist.

9. Haus: Der Ideenreichtum und die Freude an Neuem des Uranus wirken im Bereich der Ziele und Projekte – Ziele sind wechselhaft und immer wieder neu und vor allem sind sie ein Aufbruch ins Unbekannte.

10. Haus: Der Ideenreichtum und die Freude an Neuem des Uranus wirken in der Öffentlichkeit – man findet Neues, aber ist dabei stets darauf bedacht, daß das immer gut fundiert und gesichert ist.

11. Haus: Der Ideenreichtum und die Freude an Neuem des Uranus wirken im Bereich der Gruppen der Gleichgesinnten – je neuer oder exotischer die Ansichten und Bestrebungen in einem Verein sind, desto wohler fühlt man sich in ihm; man braucht zukunftsweisende Utopien.

12. Haus: Der Ideenreichtum und die Freude an Neuem des Uranus wirken in der Begegnung mit der Welt als Ganzes – Intuition ist ein Geschenk der Welt und man bereichert auch selber die Welt durch seine eigenen Ideen.

IX 2. i) Neptun

1. Haus: Die Kunst, die Mystik, die Magie, die Ökologie und das Sozialengagement des Neptuns wirken bei allem mit – der Betreffende erlebt sich als mit dem Ganzen verbunden und handelt aus dem Ganzen heraus und für das Ganze.

2. Haus: Die Kunst, die Mystik, die Magie, die Ökologie und das Sozialengagement des Neptuns wirken im Bereich des Körpers, der Ernährung, der Wohnung, des Besitzes und des Geldes – man gibt gerne, man nimmt gerne an und sieht Besitz als fließendes Kollektiveigentum an, schätzt Homöopathie zur Heilung, hat seltsame Berufe und mag Gewürze und exotische Speisen.

3. Haus: Die Kunst, die Mystik, die Magie, die Ökologie und das Sozialengagement des Neptuns wirken im Bereich der Begegnungen und des Lernens und Lehrens – man spürt in alle Begegnungen hinein und hilft, sieht spirituelle Hintergründe, künstlerische Möglichkeiten und ökologische Notwendigkeiten in allen Menschen.

4. Haus: Die Kunst, die Mystik, die Magie, die Ökologie und das Sozialengagement des Neptuns wirken im Bereich des Unterbewußtseins, der Familie und der Heimat – man verschmilzt mit der Familie und glaubt nicht ohne sie leben zu können und erlebt die Gefühle der anderen so, als wenn es die eigenen Gefühle wären.

5. Haus: Die Kunst, die Mystik, die Magie, die Ökologie und das Sozialengagement des Neptuns wirken im Bereich des Selbstausdrucks und der Selbstdarstellung – Selbstausdruck ist letztlich ein endloser künstlerischer, sozialer, spiritueller und ökologischer Prozeß.

6. Haus: Die Kunst, die Mystik, die Magie, die Ökologie und das Sozialengagement des Neptuns wirken im Bereich des Ordnens, Pflegens und Heilens – nur das Wiederfinden der ursprünglichen Absicht, der grundlegenden Ordnung ermöglicht eine Heilung, die oft mit einer tiefen Krise und einer ebenso tiefen Verwandlung verbunden ist.

7. Haus: Die Kunst, die Mystik, die Magie, die Ökologie und das Sozialengagement des Neptuns wirken im Bereich der Freundschaften und Beziehungen – in der Begegnung mit dem Du kann sich die Weite der Welt am besten entfalten; man braucht eine gemeinsame sprituell-sozial-künstlerisch-ökologische Grundlage.

8. Haus: Die Kunst, die Mystik, die Magie, die Ökologie und das Sozialengagement des Neptuns wirken im Bereich der Intensität, der Forschung und der Ekstase – man weitet die Grenzen immer aufs Neue aus und erlebt dadurch immer wieder Neuland jeglicher Art.

9. Haus: Die Kunst, die Mystik, die Magie, die Ökologie und das Sozialengagement des Neptuns wirken im Bereich der Ziele und Projekte – man strebt das ideale Zusammenleben aller Menschen, Tiere und Pflanzen an, das von ökologischen, spirituellen, sozialen und künstlerischen Gesichtspunkten aus gestaltet wird.

10. Haus: Die Kunst, die Mystik, die Magie, die Ökologie und das Sozialengage-

ment des Neptuns wirken in der Öffentlichkeit – man wird zum Priester, zum Magier, zum Künstler, zum Ökologen und ist in all diesen Funktionen allgemein bekannt.

11. Haus: Die Kunst, die Mystik, die Magie, die Ökologie und das Sozialengagement des Neptuns wirken im Bereich der Gruppen der Gleichgesinnten – man strebt zusammen mit Gleichgesinnten nach allgemeinem Frieden und Harmonie.

12. Haus: Die Kunst, die Mystik, die Magie, die Ökologie und das Sozialengagement des Neptuns wirken in der Begegnung mit der Welt als Ganzes – man erlebt sich als Teil der Welt und als mit allen Lebewesen verbunden; das Leben als Ganzes ist das eigentlich Reale.

IX 2. j) Pluto

1. Haus: Das Einsgerichtetsein, die existentielle Intensität und die Überzeugtheit des Plutos wirken bei allem mit – der Betreffende ist daher ein Verwandler und verwandelt sich ständig selber, er bringt alles auf den Punkt und läßt alle Dinge ein wenig heftiger werden als sie ohne ihn wären.

2. Haus: Das Einsgerichtetsein, die existentielle Intensität und die Überzeugtheit des Plutos wirken im Bereich des Körpers, der Ernährung, der Wohnung, des Besitzes und des Geldes – man empfindet den eigenen Körper als das Wichtigste, sichert als erstes die Ernährung an, schützt sich gegen Krankheiten, braucht einen sicheren Wohnort und ein verläßliches Einkommen.

3. Haus: Das Einsgerichtetsein, die existentielle Intensität und die Überzeugtheit des Plutos wirken im Bereich der Begegnungen und des Lernens und Lehrens – man ist die prägende Gestalt in allen Gruppen und Begegnungen und hat einen gewaltigen Bekanntenkreis.

4. Haus: Das Einsgerichtetsein, die existentielle Intensität und die Überzeugtheit des Plutos wirken im Bereich des Unterbewußtseins, der Familie und der Heimat – die Geborgenheit in der Familie und die Mutter sind die zentralen Bilder und oft werden sie zu dem Urbild der Großen Mutter gesteigert.

5. Haus: Das Einsgerichtetsein, die existentielle Intensität und die Überzeugtheit des Plutos wirken im Bereich des Selbstausdrucks und der Selbstdarstellung – es geht nichts über den Selbstausdruck, der die Essenz des Lebens ist und dem alles andere untergeordnet wird.

6. Haus: Das Einsgerichtetsein, die existentielle Intensität und die Überzeugtheit des Plutos wirken im Bereich des Ordnens, Pflegens und Heilens – Heilung und Ordnung wird nur durch das Wiederfinden des Existentiellen in einer tiefen Krise und einer ebenso tiefen Verwandlung erlangt.

7. Haus: Das Einsgerichtetsein, die existentielle Intensität und die Überzeugtheit

des Plutos wirken im Bereich der Freundschaften und Beziehungen – das Du ist der Mittelpunkt des Lebens, um das sich alles dreht.

8. Haus: Das Einsgerichtetsein, die existentielle Intensität und die Überzeugtheit des Plutos wirken im Bereich der Intensität, der Forschung und der Ekstase – man sucht und strebt nach dem, „was die Welt im Innersten zusammenhält" und prägt auch selber sehr stark seine Umwelt.

9. Haus: Das Einsgerichtetsein, die existentielle Intensität und die Überzeugtheit des Plutos wirken im Bereich der Ziele und Projekte – der Einsatz der gesamten Kraft für die Ziele ist das, was das Leben lebenswert macht.

10. Haus: Das Einsgerichtetsein, die existentielle Intensität und die Überzeugtheit des Plutos wirken in der Öffentlichkeit – die Welt beruht auf festen Gesetzen und diese Gesetze sucht und nutzt man und verwandelt dadurch die Allgemeinheit zum Besseren.

11. Haus: Das Einsgerichtetsein, die existentielle Intensität und die Überzeugtheit des Plutos wirken im Bereich der Gruppen der Gleichgesinnten – man ist der Revolutionär, der die Massen begeistert (oder zumindestens begeistern will).

12. Haus: Das Einsgerichtetsein, die existentielle Intensität und die Überzeugtheit des Plutos wirken in der Begegnung mit der Welt als Ganzes – das Eigentliche, Grundlegende, Wichtige, Ursprüngliche ist nur als Ahnung erfaßbar, aber seine Wahrnehmung prägt das gesamte eigene Verhalten: es ist das, was die Dakota-Indianer das „Große Geheimnis" nennen.

IX 3.   Die Aspekte zwischen den Planeten

Die Aspekte in einem Horoskop sind sozusagen die Kapitel des betreffenden Drehbuches. Bei 10 Planeten gibt es 45 verschiedene Kombinationen von 2 Planeten. Da es 7 verschiedene Aspekte gibt, gibt es insgesamt folglich 315 verschiedene Aspekte. Wenn man diese Aspekte alle ausführlich beschreiben würde, ergäbe das ein dickes Buch und keine Übersicht für Anfänger.

Wenn man in dem folgenden Kapitel einen Aspekt sucht, muß man unter dem inneren, schnelleren Planeten nachschauen, also z.B. nach der „Venus", wenn man einen Aspekt zwischen Venus und Mars finden will.

Generell prägt der langsamere Planet den schnelleren Planeten stärker als umgekehrt – der langsamere Planet gibt sozusagen den Rahmen vor, in dem sich der schnellere Planet bewegt.

Bei einem Trigon zwischen Mond und Saturn gibt der Saturn dem Mond den Wunsch, daß Kontakte beständig sein sollen. Der Mond gibt zwar dem Saturn auch ein größeres Einfühlungsvermögen, aber die Dauerhaftigkeit der Bindung ist doch das deutlich auffälligere Phänomen.

Diese ungleichmäßige gegenseitige Prägung wird umso deutlicher, je weiter die beiden Planeten in der Planeten-Folge voneinander entfernt sind. Bei einem Pluto/Mond-Aspekt ist der Unterschied in der Prägungs-Intensität am größten; bei einem Sonne/Mars-Aspekt ist sie hingegen sehr klein.

Die Planetenfolge ist: Mond – Merkur – Venus – Sonne – Mars – Jupiter – Saturn – Uranus – Neptun – Pluto.

Es gibt noch eine zweite derartige Dynamik in Aspekten – sie beruht auf der Stellung der beiden Planeten in der Tierkreisfolge. Da sich der Tierkreis gegen den Uhrzeigersinn entwickelt, gibt es auch eine Grundbewegung in den Aspekten, die gegen den Uhrzeigersinn verläuft. Dies ist die Reihenfolge, in der auch die Sonne und die Planeten durch den Tierkreis laufen.

Am stärksten ist diese Dynamik bei den Halbsextilen zu spüren, die von einem Tierkreiszeichen zu dem nächsten führen. Der Planet, der z.B. im Widder steht, ist das der Ausgangspunkt und das Fundament für den Planeten, der im Stier, also ein Zeichen weiter steht. Der Planet im Widder ist in diesem Fall die Vergangenheit und der Planet im Stier die Zukunft. Das Halbsextil weist also auf eine Entwicklung von dem Widder-Planeten zu dem Stier-Planeten hin.

Am schwächsten ist diese Dynamik bei der Opposition zu spüren, da bei ihr beide Planeten gegenüber stehen und daher keiner der „Erste im Tierkreis" ist.

Bei Konjunktionen von mehreren Planeten hilft diese Folge, die Dynamik in dieser Planeten-Gruppe zu erkennen – sie verläuft gegen den Uhrzeigersinn.

IX 3. a) Mond

Mond – Merkur

Bei einer <u>Konjunktion</u> erlebt man keinen Unterschied zwischen den Bildern und Stimmungen des Mondes und den Worten des Merkurs – jedes Bild hat einen Namen und mit jedem Wort ist ein Bild verbunden. Man ist folglich sehr einfühlsam sowie bildreich in der Sprache.

Bei einer <u>Opposition</u> wechselt man zwischen Denken und Wahrnehmen – beides zugleich geht nicht. Dabei ist es wichtig, den passenden Rhythmus für diesen Wechsel zwischen Gespräch und Nähe zu finden.

Bei einem <u>Trigon</u> kommt das Denken jederzeit der Wahrnehmung und dem Spüren zur Hilfe – und man verwandelt mit Leichtigkeit jeden Gedanken in ein Bild oder Symbol.

Bei einem <u>Sextil</u> können sich Wort und Bild ebenfalls gegenseitig helfen, aber sie müssen sich erst dazu entschließen, dies zu tun, während das bei einem Trigon automatisch geschieht.

Bei einem <u>Quadrat</u> müssen Gedanke und Bild getrennt bleiben – es sind zwei verschiedene Arten der Begegnung mit der Welt und wenn man sie getrennt hält, bewahren sie ihre Entspanntheit und Klarheit.

Bei einem <u>Quincunx</u> besteht eine grundlegende Übereinstimmung und Grundspannung zwischen Wort und Bild, die jedoch ständig wiederhergestellt werden muß. Jede Wahrnehmung und jeder neue Gedanke muß erst einmal richtig erfaßt und in das Ganze eingefügt werden – doch dann wird er zu einer Bereicherung.

Bei einem <u>Halbsextil</u> neigen beide Planeten dazu, nach einer Weile in den Bereich des anderen zu wechseln. Man kann das Bild nicht unbegrenzt halten, da es dazu neigt, sich in einen Begriff zu verwandeln – entsprechend neigt auch der Begriff dazu, sich in ein Bild zu verwandeln. Diese Verwandlung verläuft hauptsächlich gegen den Uhrzeigersinn im Tierkreis: Wenn der Mond z.B. im Krebs und der Merkur im Löwen steht, wird aus jedem Bild und jeder Nähe nach einer Weile ein Wort und ein Gespräch. Wenn hingegen der Merkur z.B. in der Jungfrau und der Mond in der Waage steht, wird aus den Begriffen des Merkurs nach einer Weile die Empfindung des Mondes und aus dem Gespräch des Merkurs die Nähe des Mondes.

Mond – Venus

Bei einer <u>Konjunktion</u> erlebt man keinen Unterschied zwischen der Nähe und den Bildern des Mondes und den Gefühlen und dem Schönheitssinn der Venus. Man will stets zu allem Schönen auch Nähe haben und es gibt keine gefühlsfreien inneren Bilder.

Bei einer Opposition wechselt man zwischen Bild und Gefühl, zwischen Kontakt und Bewertung rhythmisch hin und her. Man ist entweder im Erleben der Situation oder im Gefühl – beides ergänzt sich, aber findet nicht gleichzeitig, sondern abwechselnd statt. Man schaut jemanden mit schönen Augen an oder umarmt ihn – aber nicht beides gleichzeitig.

Bei einem Trigon gehen zwei nah verwandte Eigenschaften eine Freundschaft ein und unterstützen sich jederzeit gegenseitig: Wenn die Venus jemanden sympathisch findet, möchte der Mond ihn auch umarmen; wenn die Venus ein Gefühl hat, hat der Mond auch ein Bild dazu.

Bei einem Sextil unterstützen sich zwei Planeten in Tierkreiszeichen mit verschiedenen, aber ähnlichen Eigenschaften gelegentlich gegenseitig: Äußere Kontakte und innere Bilder sind meistens, aber nicht immer mit Gefühlen verbunden.

Bei einem Quadrat prüft man stets, welche der beiden Eigenschaften man einsetzen will – und die andere Eigenschaft hält sich vollständig raus: Entweder hat man Kontakt oder man hat ein Gefühl, aber nicht beides gleichzeitig. Dadurch wirken die Gefühle ein wenig distanziert und die Kontakte in wenig kühl.

Bei einem Quincunx stellen Nähe und Gefühl immer wieder aufs Neue die Ordnung und die Spannung her. Gefühle werden leicht irritiert, was zu einem Rückzug führt – nach der Klärung kommt es jedoch erneut zu Nähe. Oder die Gefühle lassen nach, woraufhin eine Betrachtung der Ursachen zu einem erneuten Aufblühen der Gefühle führt.

Bei einem Halbsextil drängen entweder die Nähe oder die Gefühle auf eine Weiterentwicklung. Dadurch wird aus der Nähe ein Gefühl, wodurch die Nähe weniger wird – oder aus dem Gefühl wird ein Kontakt, wodurch die Gefühle teilweise verblassen.

Mond – Sonne

Bei einer Konjunktion erlebt man keinen Unterschied zwischen den Bildern und Wahrnehmungen des Mondes und der eigenen Mitte: Man ist untrennbar mit den eigenen Wahrnehmungen, Bildern und Kontakten verbunden – man ist die eigene Familie.

Bei einer Opposition wechselt man zwischen Bild und Zentrum, zwischen Kontakt und Identität rhythmisch hin und her. Man sieht abwechselnd sich selber und die anderen – und vermischt beides nicht miteinander.

Bei einem Trigon gehen zwei nah verwandte Eigenschaften eine Freundschaft ein und unterstützen sich jederzeit gegenseitig: Das Herz (Sonne) sucht Kontakt (Mond) und der Kontakt wird von individueller Wärme erfüllt – Nähe wird zu Selbstausdruck.

Bei einem Sextil unterstützen sich zwei Planeten in Tierkreiszeichen mit verschiedenen, aber ähnlichen Eigenschaften gelegentlich gegenseitig: Stimmungen haben die Möglichkeit, bewußt zu werden, und das Ich hat die Möglichkeit, Kontakte aufzunehmen.

Bei einem Quadrat prüft man in jeder Situation stets aufs Neue, welche der beiden Eigenschaften man einsetzen will – und die andere Eigenschaft hält sich vollständig raus: Empfindung oder Selbstausdruck, Bild oder Selbstbild, Gemeinschaft oder Egoismus.

Bei einem Quincunx stellen Empfindsamkeit und Selbstausdruck immer wieder aufs Neue die Ordnung und die Spannung her. Das führt zu einer ständigen Selbsthinterfragung und zu einem häufigen Erneuern der Kontakte.

Bei einem Halbsextil drängen entweder Kontakt oder Selbstwertgefühl auf eine Weiterentwicklung, die dann zu dem jeweils anderen führt. Dadurch wird entweder die Nähe herzlicher (Mond => Sonne) oder es entsteht aus dem freieren Selbstausdruck heraus ein neuer Kontakt (Sonne => Mond).

Mond – Mars

Bei einer Konjunktion erlebt man keinen Unterschied zwischen Nähe und Tat. Man erlebt im Sex, in der Arbeit und im Kampf die größte Nähe – Handeln ohne Kontakt ist kaum möglich; ein inneres Bild, das nicht zur Handlung drängt, ist ebenfalls kaum denkbar.

Bei einer Opposition wechselt man zwischen Bild und Tat, zwischen Kontakt und Handlung rhythmisch hin und her. Man brütet darüber, was einem wichtig ist, und schreitet dann zur Tat und anschließend betrachtet man das Getane wieder in Stille. Man lebt abwechselnd die Innigkeit der Nähe und die Ekstase des Sex.

Bei einem Trigon gehen zwei nah verwandte Eigenschaften eine Freundschaft ein und unterstützen sich jederzeit gegenseitig: Man handelt in Wahrnehmung seiner Umgebung und mit Kontakt zu ihr. Nähe/Geborgenheit und Sex/Tat gehen eine Freundschaft ein und sind immer miteinander verbunden.

Bei einem Sextil unterstützen sich zwei Planeten in Tierkreiszeichen mit verschiedenen, aber ähnlichen Eigenschaften gelegentlich gegenseitig: Empfindungen haben die Möglichkeit, zu Taten zu werden, und Taten haben die Möglichkeit, feinfühlig zu sein.

Bei einem Quadrat prüft man in jeder Situation stets aufs Neue, welche der beiden Eigenschaften man einsetzen will – und die andere Eigenschaft hält sich vollständig raus: Nähe oder Sex, Kontakt oder Abgrenzung, Wahrnehmung oder Tat.

Bei einem Quincunx stellen Nähe und Tatkraft immer wieder aufs Neue die Ordnung und die Spannung her. Das führt u.a. zu einer häufigen Hinterfragung und evtl.

Erneuerung der Form der Beziehung in Bezug auf Nähe und Sexualität.

Bei einem Halbsextil drängen entweder Befindlichkeiten oder Begehren auf eine Weiterentwicklung – dadurch verwandelt sich z.B. Nähe nach einer Weile in Sex bzw. Sex in Nähe.

Mond – Jupiter

Bei einer Konjunktion erlebt man keinen Unterschied zwischen Kontakten und Management: Man organisiert die eigenen Kontakte und fügt sie zu einer Gemeinschaft zusammen. Man sieht auch innere Bilder nie einzeln, sondern immer als Teil eines großen Gefüges.

Bei einer Opposition wechselt man zwischen Bild und Ziel, zwischen Kontakt und Organisation rhythmisch hin und her. Man ist mal der Manager und mal der Betrachter, man reicht den anderen mal die Hand und mal lenkt man sie.

Bei einem Trigon gehen zwei nah verwandte Eigenschaften eine Freundschaft ein und unterstützen sich jederzeit gegenseitig: Man organisiert alle Verbindungen zu Menschen und schafft daraus eine Gemeinschaft, in der sich alle wohlfühlen.

Bei einem Sextil unterstützen sich zwei Planeten in Tierkreiszeichen mit verschiedenen, aber ähnlichen Eigenschaften gelegentlich gegenseitig: Kontakte haben die Möglichkeit, zu einem Teil des Beziehungsgefüges zu werden, und das eigene Organisieren hat die Möglichkeit, ein großes Nest für alle Menschen, die einem wichtig sind, zu erschaffen.

Bei einem Quadrat prüft man in jeder Situation stets aufs Neue, welche der beiden Eigenschaften man einsetzen will – und die andere Eigenschaft hält sich vollständig raus: Kontakt oder Organisation, Nähe oder Ziele, Gemeinschaft oder Ideale.

Bei einem Quincunx stellen Nähe und Lebensentwurf immer wieder aufs Neue die Ordnung und die Spannung her. Das führt zu immer neuen Überarbeitungen der Beziehungen und des Verhältnisses der verschiedenen Beziehungen zueinander sowie von Zeit zu Zeit auch zu neuen Ansichten über Beziehungen und Familie insgesamt.

Bei einem Halbsextil drängen entweder die Nähe oder die Lebensorganisation auf eine Weiterentwicklung zu dem jeweils anderen, wodurch entweder die Nähe nachläßt und reine Organisation wird oder eben das Organisieren nachläßt und zu Nähe wird – das hängt davon ab, welcher der beiden Planet in der Folge der Tierkreiszeichen zuerst kommt.

Mond – Saturn

Bei einer Konjunktion erlebt man keinen Unterschied zwischen Kontakt und Beständigkeit: Kontakte sind stets beständig. Zudem wird das eigene Fundament bildhaft erfaßt, Regeln müssen gespürt werden können, Halt gibt es nur in der Begegnung …

Bei einer Opposition wechselt man zwischen Bild und Form, zwischen Kontakt und Fundament rhythmisch hin und her. Man kümmert sich mal darum, daß alles stabil und verläßlich und dauerhaft ist, und dann wieder darum, daß man mit allen in Verbindung ist. Man wechselt zwischen dem „es sich gut gehen lassen" und dem „dafür sorgen, daß alles geregelt ist" hin und her.

Bei einem Trigon gehen zwei nah verwandte Eigenschaften eine Freundschaft ein und unterstützen sich jederzeit gegenseitig: Kontakte sind stets beständig und jede Form soll Wohlfühlen und Behaglichkeit erschaffen.

Bei einem Sextil unterstützen sich zwei Planeten in Tierkreiszeichen mit verschiedenen, aber ähnlichen Eigenschaften gelegentlich gegenseitig: Kontakte haben die Möglichkeit, sicher und beständig zu werden, und die Formen im eigenen Leben haben die Möglichkeit, ein Schutz für die eigenen Kontakte zu werden.

Bei einem Quadrat prüft man in jeder Situation stets aufs Neue, welche der beiden Eigenschaften man einsetzen will – und die andere Eigenschaft hält sich vollständig raus: Nähe oder Beständigkeit, Kontakt oder Form, Bild oder Gesetz.

Bei einem Quincunx stellen Nähe und Form immer wieder aufs Neue die Ordnung und die Spannung her. Das führt immer wieder einmal zu neuen Erkenntnissen, Vorlieben, Ansichten und Veränderungen in den bisherigen Abmachungen – bewegte Kontakte …

Bei einem Halbsextil drängen entweder die Nähe oder die formale Festlegung auf eine Weiterentwicklung zu der jeweils anderen Qualität. Dadurch wird entweder die Nähe formaler (Mond => Saturn) oder es entsteht aus einer äußeren Form heraus ein neuer Kontakt (Saturn => Mond).

Mond – Uranus

Bei einer Konjunktion erlebt man keinen Unterschied zwischen den inneren Bildern und der Intuition: Man geht spontan in Kontakt; man erlebt Dinge als lebendiger, wenn sie neu sind; die Stimmungen ändern sich ständig und plötzlich; man erfaßt Neues sehr schnell …

Bei einer Opposition wechselt man zwischen Bild und Intuition, zwischen Kontakt und Neuem rhythmisch hin und her. Man wechselt aus der Nähe heraus zu einem Umherhüpfen und dann wieder zur Nähe – in einem eher unvorhersehbaren Rhythmus.

Bei einem Trigon gehen zwei nah verwandte Eigenschaften eine Freundschaft ein und unterstützen sich jederzeit gegenseitig: Kontakte werden schnell eingegangen und manchmal auch schnell beendet. Man lebt Nähe im Augenblick des Erlebens.

Bei einem Sextil unterstützen sich zwei Planeten in Tierkreiszeichen mit verschiedenen, aber ähnlichen Eigenschaften gelegentlich gegenseitig: Die Stimmungen haben die Möglichkeit, spontan zu sein, und die Intuition hat die Möglichkeit, Kontakte herzustellen.

Bei einem Quadrat prüft man in jeder Situation stets aufs Neue, welche der beiden Eigenschaften man einsetzen will – und die andere Eigenschaft hält sich vollständig raus: Empfindung oder Intuition, Nähe oder Neues, Halten oder Sprung.

Bei einem Quincunx stellen Nähe und Spontanität immer wieder aufs Neue die Ordnung und die Spannung her. Das führt zu der Notwendigkeit, sich immer wieder mal zusammenzusetzen und zu schauen, ob und wenn ja, wie die bisherige Beziehung mit den neuen Impulsen noch fortsetzen läßt.

Bei einem Halbsextil drängen entweder Nähe oder Spontanität auf eine Weiterentwicklung zu der jeweils anderen Qualität. Dadurch wird entweder die Nähe plötzlich verändert (Mond => Uranus) oder es entsteht plötzlich ein neuer Kontakt (Uranus => Mond).

Mond – Neptun

Bei einer Konjunktion erlebt man keinen Unterschied zwischen dem Bild und dem Urbild. Der Neptun löst die Grenzen der inneren Bildern auf, sodaß sie Teil der allgemeine Bilder werden; die Wahrnehmung wird zu Telepathie; das individuelle Unterbewußtsein wird zum kollektiven Unterbewußtsein; der Kontakt wird zur Symbiose …

Bei einer Opposition wechselt man zwischen Bild und Phantasie, zwischen Kontakt und Symbiose rhythmisch hin und her. Beides schafft Nähe, aber der Mond zu dem einzelnen und der Neptun zur Welt. Daher wechselt man zwischen der Ausrichtung auf das Du und der Ausrichtung auf die Welt hin und her – das kann wie ein Atemrhythmus sein.

Bei einem Trigon gehen zwei nah verwandte Eigenschaften eine Freundschaft ein und unterstützen sich jederzeit gegenseitig: Nähe wird zur Symbiose, Bilder werden zu Urbildern, und Verständnis wird zu Telepathie.

Bei einem Sextil unterstützen sich zwei Planeten in Tierkreiszeichen mit verschiedenen, aber ähnlichen Eigenschaften gelegentlich gegenseitig: Die Nähe hat die Möglichkeit, sich zur Symbiose und zur mühelosen Telepathie zu steigern, und die Grenzauflösung hat die Möglichkeit, zu einem weiten Familien- und Heimatgefühl zu werden.

Bei einem Quadrat prüft man in jeder Situation stets aufs Neue, welche der beiden Eigenschaften man einsetzen will – und die andere Eigenschaft hält sich vollständig raus: Bild oder Urbild, Geborgenheit im Konkreten oder Geborgenheit im Allgemeinen, Wärme oder Kunst.

Bei einem Quincunx stellen Nähe und Grenzauflösung immer wieder aufs Neue die

Ordnung und die Spannung her. Das führt zu der Frage, wo man in der Nähe Grenzen setzt und wo nicht – und wie man bestehende Grenzen auflöst … und wie man überhaupt mit dem ständigen Zerfließen und Neugestalten der Begegnungen umgeht. Auch die Frage, wie man die Nähe mit der Kunst, der Religion und der Ökologie in Einklang bringen kann, stellt sich immer wieder aufs Neue.

Bei einem <u>Halbsextil</u> drängen entweder Nähe oder Grenzauflösung auf eine Weiterentwicklung zu der jeweils anderen Qualität. Dadurch wird entweder die Nähe erweitert (Mond => Neptun) oder es entsteht aus der Kunst, dem Sozialengagement, der Ökologie oder der Religion heraus ein neuer Kontakt (Neptun => Mond).

<u>Mond – Pluto</u>

Bei einer <u>Konjunktion</u> erlebt man keinen Unterschied zwischen Kontakt und dem Existentiellen – Kontakt ist immer essentiell und existentiell. Kontakt ist das, worum es im Leben geht – und da macht man niemals halbe Sachen …

Bei einer <u>Opposition</u> wechselt man zwischen Bild und Wesentlichem, zwischen Kontakt und Essentiellem rhythmisch hin und her. Mal ist man ganz in der eigenen Überzeugung und folgt dem unbeirrbar – dann ist man wieder ganz im Kontakt und nimmt das Außen wahr. Man ist abwechselnd wie der Mondschein und wie ein Laserstrahl.

Bei einem <u>Trigon</u> gehen zwei nah verwandte Eigenschaften eine Freundschaft ein und unterstützen sich jederzeit gegenseitig: Nähe ist das Lebenselixier, Kontakt ist existentiell, Geborgenheit ist die Wurzel, das Urbild aller Dinge ist die Große Mutter.

Bei einem <u>Sextil</u> unterstützen sich zwei Planeten in Tierkreiszeichen mit verschiedenen, aber ähnlichen Eigenschaften gelegentlich gegenseitig: Stimmungen haben die Möglichkeit, intensiv zu werden, und das Wesentliche hat die Möglichkeit, als Bild erlebt zu werden.

Bei einem <u>Quadrat</u> prüft man in jeder Situation stets aufs Neue, welche der beiden Eigenschaften man einsetzen will – und die andere Eigenschaft hält sich vollständig raus: Wahrnehmung oder Überzeugung, Kontakt oder Essenz, Nähe oder Wesentliches.

Bei einem <u>Quincunx</u> stellen Nähe und Wesentliches immer wieder aufs Neue die Ordnung und die Spannung her. Das führt dazu, daß man sich häufig fragt, ob man eine Beziehung überhaupt noch will und ob eine Begegnung mit dem, was einem wirklich wichtig ist, noch in Einklang zu bringen ist.

Bei einem <u>Halbsextil</u> drängen entweder Nähe oder Grundüberzeugungen auf eine Weiterentwicklung zu der jeweils anderen Qualität. Dadurch wird entweder die Nähe sehr intensiv (Mond => Pluto) oder es entsteht aus tiefgehenden Verwandlungen heraus ein neuer Kontakt (Pluto => Mond).

IX 3. b)   Merkur

Merkur – Venus

Bei einer <u>Konjunktion</u> erlebt man keinen Unterschied zwischen Denken und Fühlen: Jeder Gedanke enthält auch eine Bewertung und jede Bewertung wird auch in Worte gefaßt. Die Sprache ist charmant und gefühlvoll und bewegt.

Die <u>Opposition</u>, das <u>Trigon</u>, das <u>Quadrat</u> und das <u>Quincunx</u> sind zwischen Sonne und Merkur nicht möglich, da der maximale Abstand zwischen beiden von der Erde aus gesehen (so wie die Planeten im Horoskop erscheinen) 72° beträgt – es sind also nur die Konjunktion (0°), das Halbsextil (30°) und das Sextil (60°) möglich. Die 72° ergeben sich aus den 27° Maximal-Abstand des Merkurs von der Sonne und den 45° Maximal-Abstand der Venus von der Sonne.

Bei einem <u>Sextil</u> unterstützen sich zwei Planeten in Tierkreiszeichen mit verschiedenen, aber ähnlichen Eigenschaften gelegentlich gegenseitig: Gedanken haben die Möglichkeit, zu Gefühlen zu werden, und Gefühle haben die Möglichkeit, durch Worte ausgedrückt zu werden.

Bei einem <u>Halbsextil</u> drängen entweder Verstand oder Gefühl auf eine Weiterentwicklung zu der jeweils anderen Qualität. Dadurch wird entweder der Verstand emotional (Merkur => Venus) oder die Gefühle rational (Venus => Merkur).

Merkur – Sonne

Bei einer <u>Konjunktion</u> erlebt man keinen Unterschied zwischen Ich und Denken: Denken ist Ausdruck des Ichs; das eigene Ich ist stets das Zentrum des Denkens; die Sätze fangen meistens mit „Ich" an; man bezieht alles Worte auf sich selber …

Die <u>Opposition</u>, das <u>Trigon</u>, das <u>Sextil</u>, das <u>Quadrat</u> und das <u>Quincunx</u> sind zwischen Sonne und Merkur nicht möglich, da der maximale Abstand zwischen beiden von der Erde aus gesehen (so wie die Planeten im Horoskop erscheinen) 27° beträgt – es sind also nur die Konjunktion (0°) und ein ungenaues Halbsextil (30°) möglich.

Bei einem <u>Halbsextil</u> drängen entweder Verstand oder Selbstausdruck auf eine Weiterentwicklung zu der jeweils anderen Qualität. Dadurch wird entweder der Verstand egozentrisch (Merkur => Sonne) oder der Selbstausdruck rational (Sonne => Merkur).

Merkur – Mars

Bei einer <u>Konjunktion</u> erlebt man keinen Unterschied zwischen Wort und Tat: Man tut, was man sagt; man redet beim Tun; man hat ein Konzept über das eigene Tun; man kann im Handeln jederzeit die Richtung wechseln, wenn es einem sinnvoller erscheint … „Ein Mann, ein Wort."

Bei einer <u>Opposition</u> wechselt man zwischen Wort und Tat, zwischen Verstand und Kraft rhythmisch hin und her. Man denkt und redet und später handelt man dann. Man erlebt Denken und Tun als zwei Pole, zwischen den man wechseln sollte.

Bei einem <u>Trigon</u> gehen zwei nah verwandte Eigenschaften eine Freundschaft ein und unterstützen sich jederzeit gegenseitig: Aus Worten folgen stets Taten und man tut nichts, ohne dabei nicht auch zu reden – der Verstand lenkt die Handlung, die Worte sind kraftvoll, die Taten sind geschickt.

Bei einem <u>Sextil</u> unterstützen sich zwei Planeten in Tierkreiszeichen mit verschiedenen, aber ähnlichen Eigenschaften gelegentlich gegenseitig: Gedanken haben die Möglichkeit, zu Taten zu werden, und Handlungsabsichten haben die Möglichkeit, sich anderen durch Worte verständlich zu machen.

Bei einem <u>Quadrat</u> prüft man in jeder Situation stets aufs Neue, welche der beiden Eigenschaften man einsetzen will – und die andere Eigenschaft hält sich vollständig raus: Verstand oder Kraft, Denken oder Tat, Worte oder Handlungen.

Bei einem <u>Quincunx</u> stellen Denken und Handeln immer wieder aufs Neue die Ordnung und die Spannung her. Das führt zu der Frage, wie man die eigenen Einsichten denn in konkrete Taten umsetzen kann und wie man die eigenen Handlungsimpulse verständlich machen kann.

Bei einem <u>Halbsextil</u> drängen entweder die Logik oder die Tatkraft auf eine Weiterentwicklung zu der jeweils anderen Qualität. Dadurch wird entweder das Reden zu Taten (Merkur => Mars) oder die Taten enden und man beginnt zu denken und zu reden (Mars => Merkur).

Merkur – Jupiter

Bei einer <u>Konjunktion</u> erlebt man keinen Unterschied zwischen zwischen Denken und System: Man denkt stets in großen Zusammenhängen und mit System – und man denkt viel und weit.

Bei einer <u>Opposition</u> wechselt man zwischen Wort und Ziel, zwischen Verstand und Organisation rhythmisch hin und her. Das Einzelne wird unabhängig vom Ganzen betrachtet, also in seiner Eigenständigkeit angesehen. Es werden aber durchaus auch die Systeme gesehen – allerdings vor allem als das, was das freie Denken behindern will.

Bei einem Trigon gehen zwei nah verwandte Eigenschaften eine Freundschaft ein und unterstützen sich jederzeit gegenseitig: Man denkt in Zusammenhängen, man sieht das Einzelne vor dem Hintergrund des Systems, man achtet auf die einzelnen Elemente dessen, was man organisiert und managt.

Bei einem Sextil unterstützen sich zwei Planeten in Tierkreiszeichen mit verschiedenen, aber ähnlichen Eigenschaften gelegentlich gegenseitig: Gedanken haben die Möglichkeit, sich an den Zielen, Idealen und Systemen zu orientieren und sich in sie einzuordnen, und die Ziele haben die Möglichkeit, sich durch Worte anderen verständlich zu machen.

Bei einem Quadrat prüft man in jeder Situation stets aufs Neue, welche der beiden Eigenschaften man einsetzen will – und die andere Eigenschaft hält sich vollständig raus: Verstand oder Vernunft, Worte oder Ideale, Reden oder Organisieren.

Bei einem Quincunx stellen Verstand und Vernunft immer wieder aufs Neue die Ordnung und die Spannung her. Das führt dazu, daß man danach strebt, die eigenen Ziele auch anderen Menschen durch Worte verständlich machen zu können, und daß man das eigene Organisieren durch Worte unterstützen will – also letztlich Verstand und Lebensorganisation auf dasselbe Ziel auszurichten und dabei auch die großen Zusammenhänge zu berücksichtigen.

Bei einem Halbsextil drängen entweder der Verstand oder die Ideale auf eine Weiterentwicklung zu der jeweils anderen Qualität. Dadurch wird entweder der Verstand idealistisch (Merkur => Jupiter) oder die Ziele sachlich-rational (Jupiter => Merkur).

Merkur – Saturn

Bei einer Konjunktion erlebt man keinen Unterschied zwischen Wort und Fundament: Jeglicher Gedanke und jedes Wort werden auf ihren Realitätsgehalt hin geprüft und man übernimmt nur die Dinge, die sicher sind; man orientiert sich an Autoritäten; man lernt von denen, die es bereits wissen; man schätzt Ordnung, und Systematik im Denken; man ordnet seine Umgebung durch sachliche und regelkonforme Worte.

Bei einer Opposition wechselt man zwischen Wort und Form, zwischen Verstand und Fundament rhythmisch hin und her. Das bereits Bekannte ist ein Hindernis beim Denken – es ist eher der Ausgangspunkt für das Entdecken von Neuem. Aber man kehrt zwischendurch immer wieder zum festen Ufer zurück.

Bei einem Trigon gehen zwei nah verwandte Eigenschaften eine Freundschaft ein und unterstützen sich jederzeit gegenseitig: Man sucht im Denken stets nach den Prinzipien bzw. nutzt die bereits bekannten Prinzipien beim Denken. Man orientiert sich an Autoritäten.

Bei einem Sextil unterstützen sich zwei Planeten in Tierkreiszeichen mit verschiedenen, aber ähnlichen Eigenschaften gelegentlich gegenseitig: Der Verstand hat die

Möglichkeit, bereits bestehende Grundlagen und Informationen zu nutzen, und die für wichtig erachteten äußeren Formen können gut durch Worte erläutert und plausibel gemacht werden.

Bei einem <u>Quadrat</u> prüft man in jeder Situation stets aufs Neue, welche der beiden Eigenschaften man einsetzen will – und die andere Eigenschaft hält sich vollständig raus: Erkenntnisse oder Prinzipien, Denken oder Vorschriften, Gespräche oder Fundamente.

Bei einem <u>Quincunx</u> stellen Verstand und Lebenserfahrung immer wieder aufs Neue die Ordnung und die Spannung her. Das führt dazu, daß man sich immer fragt, ob das, was man da gerade denkt, auch in der Realität geerdet ist – oder ob die anderen einfach nur nicht verstehen, was man sagen will. Man neigt dazu, ein Freigeist zu sein, aber gleichzeitig sich auch an dem bestehenden Weltbild zu orientieren …

Bei einem <u>Halbsextil</u> drängen entweder Merkur oder Saturn auf eine Weiterentwicklung zu der jeweils anderen Qualität. Dadurch weicht entweder das Argumentieren dem Akzeptieren der Tatsachen (Merkur => Saturn) oder die Tatsachen werden neu durchdacht (Saturn => Merkur).

Merkur – Uranus

Bei einer <u>Konjunktion</u> erlebt man keinen Unterschied zwischen Denken und Intuition. Das gibt dem Denken etwas Quirliges und Sprunghaftes, dem nicht immer alle folgen können – manchmal weiß man sogar selber nicht, warum man eigentlich etwas weiß.

Bei einer <u>Opposition</u> wechselt man zwischen Logik und Spontanität, zwischen Verstand und Intuition rhythmisch hin und her. Mal springt man weit ins Unbekannte hinein und entdeckt neue Dinge und zu anderen Zeiten analysiert man das Bekannte schrittchenweise. Man empfindet die Intuition als notwendige Bereicherung des Denkens – daher macht man immer wieder Ausflüge ins Unbekannte und versucht Neues zu finden, um sich dann anschließend aber wieder im Bekannten niederzulassen und das Gefundene in Ruhe zu betrachten.

Bei einem <u>Trigon</u> gehen zwei nah verwandte Eigenschaften eine Freundschaft ein und unterstützen sich jederzeit gegenseitig: Die logischen Schritte steigern sich immer wieder zum genialen Sprung und der geniale Sprung wird anschließend in logische Schritte zerlegt. Man weiß nie, wohin das Gespräch führt und was als nächstes kommt.

Bei einem <u>Sextil</u> unterstützen sich zwei Planeten in Tierkreiszeichen mit verschiedenen, aber ähnlichen Eigenschaften gelegentlich gegenseitig: Der Verstand hat die Möglichkeit, sich die Intuition zu Hilfe zu holen, und die Intuition hat die Möglichkeit, das, was sie gefunden hat, anderen durch Worte verständlich zu machen.

Bei einem Quadrat prüft man in jeder Situation stets aufs Neue, welche der beiden Eigenschaften man einsetzen will – und die andere Eigenschaft hält sich vollständig raus: Logik oder Intuition, Schritte oder Sprünge, Klarheit oder Spontanität.

Bei einem Quincunx stellen Verstand und Intuition immer wieder aufs Neue die Ordnung und die Spannung her. Das führt gelegentlich zu Situationen, in denen die anderen einem nicht mehr folgen können und man erst einmal erklären muß, wie man jetzt so plötzlich zu einer ganz anderen Ansicht gekommen ist. Manchmal weiß man auch selber nicht, wieso man auf einmal von etwas ganz anderem überzeugt ist. Möglicherweise sagt man auch der Einfachhiet halber, daß das Gesagte nicht logisch ist, aber daß man weiß, daß es richtig ist – damit schützt man sich dann vor den Ansichten der anderen.

Bei einem Halbsextil drängen entweder der Verstand oder die Intuition auf eine Weiterentwicklung zu der jeweils anderen Qualität. Dadurch wird entweder der Verstand spontan-sprunghaft-intuitiv (Merkur => Uranus) oder die Intuition verlangsamt sich zu schrittweiser Logik (Uranus => Merkur).

Merkur – Neptun

Bei einer Konjunktion erlebt man keinen Unterschied zwischen Denken und Ahnen. Es genügt einem, Eindrücke zu haben, sich an vagen Vorstellungen zu orientieren, ein paar Bruchstücke zu erfahren – und kann sich damit traumwandlerisch zurechtfinden.

Bei einer Opposition wechselt man zwischen Logik und Phantasie, zwischen Verstand und Grenzauflösung rhythmisch hin und her. Man wird von etwas angesprochen und erlebt sich selber als damit verbunden – daraufhin schaut sich diese Dinge genau und analysiert sie auf distanzierte Weise, um dann wieder eine Symbiose mit ihnen einzugehen.

Bei einem Trigon gehen zwei nah verwandte Eigenschaften eine Freundschaft ein und unterstützen sich jederzeit gegenseitig: Der Verstand tastet sich durch Ahnungen schlafwandlerisch-sicher zum Ziel. Kunst, Ökologie, Soziales und Religion werden logisch untersucht und formuliert.

Bei einem Sextil unterstützen sich zwei Planeten in Tierkreiszeichen mit verschiedenen, aber ähnlichen Eigenschaften gelegentlich gegenseitig: Der Verstand hat die Möglichkeit, sich das Gespür für die Situation zu Hilfe zu holen, und alles Grenzauflösende hat die Möglichkeit, sich durch Worte anderen verständlich zu machen.

Bei einem Quadrat prüft man in jeder Situation stets aufs Neue, welche der beiden Eigenschaften man einsetzen will – und die andere Eigenschaft hält sich vollständig raus: Begriff oder Phantasie, Geometrie oder Kunst, Wissen oder Ahnen.

Bei einem Quincunx stellen Verstand und Phantasie immer wieder aufs Neue die Ordnung und die Spannung her. Das führt zu einem Gemisch von Logik und

Ahnungen, das man vor allem in der Kunst, im Sozialen, in der Religion und in der Ökologie anwendet. Ab und zu ist es jedoch notwendig, auch die Ahnungen in klare Worte zu fassen, was nicht immer ganz so einfach ist.

Bei einem Halbsextil drängen entweder der Verstand oder die Phantasie auf eine Weiterentwicklung zu der jeweils anderen Qualität. Dadurch wird entweder der Verstand zu Ahnungen (Merkur => Neptun) oder die Ahnungen zu rationalen Argumenten (Neptun => Merkur).

Merkur – Pluto

Bei einer Konjunktion erlebt man keinen Unterschied zwischen Wort und Existentiellem. Sprache dient dazu, das Wesentliche zu erkennen und das Wesentliche durchzusetzen: Spione, Provokateure, Politker, Agitatoren, Unternehmensleiter …

Bei einer Opposition wechselt man zwischen Logik und Überzeugung, zwischen Verstand und Existentiellem rhythmisch hin und her. Man kann durchaus ruhig über ein Thema nachdenken, aber danach engagiert man sich auch wieder mit voller Kraft für das Thema, wobei einem Argumente nicht sonderlich wichtig sind – man folgt einfach der eigenen Überzeugung.

Bei einem Trigon gehen zwei nah verwandte Eigenschaften eine Freundschaft ein und unterstützen sich jederzeit gegenseitig: Der Verstand erfaßt das Wesentliche, weshalb die Worte eine sehr große Überzeugungskraft haben.

Bei einem Sextil unterstützen sich zwei Planeten in Tierkreiszeichen mit verschiedenen, aber ähnlichen Eigenschaften gelegentlich gegenseitig: Das Denken hat die Möglichkeit, sich auf das Wesentliche zu konzentrieren, und das Wesentliche hat die Möglichkeit, sich durch Worte auszudrücken.

Bei einem Quadrat prüft man in jeder Situation stets aufs Neue, welche der beiden Eigenschaften man einsetzen will – und die andere Eigenschaft hält sich vollständig raus: Wissenschaft oder Überzeugung, Logik oder Notwendigkeit, Technik oder Magie.

Bei einem Quincunx stellen Verstand und Überzeugungen immer wieder aufs Neue die Ordnung und die Spannung her. Das führt gelegentlich zu heftigen Wortwechseln, bei denen es nicht einfach ist, noch zu erkennen, warum man eigentlich was will. Dann ist ein Innehalten und aufmerksames Erklären bzw. Zuhören förderlich …

Bei einem Halbsextil drängen entweder der Verstand oder die Grundüberzeugungen auf eine Weiterentwicklung zu der jeweils anderen Qualität. Dadurch weicht entweder der Verstand der inneren Notwendigkeit (Merkur => Pluto) oder die Grundüberzeugungen konkretisieren sich in rationalen Überlegungen (Pluto => Merkur).

IX 3. c) Venus

Venus – Sonne

Bei einer <u>Konjunktion</u> erlebt man keinen Unterschied zwischen Gefühl und Identität – man ist das, was man fühlt, und man fühlt das, was man ist … man ist ein emotionaler Mensch und man erkennt sich durch seine Gefühle. Gefühle verbergen? Wie soll denn das gehen?

Die <u>Opposition</u>, das <u>Trigon</u>, das <u>Sextil</u>, das <u>Quadrat</u> und das <u>Quincunx</u> sind zwischen Sonne und Merkur nicht möglich, da der maximale Abstand zwischen beiden von der Erde aus gesehen (so wie die Planeten im Horoskop erscheinen) 45° beträgt – es sind also nur die Konjunktion (0°) und das Halbsextil (30°) möglich.

Bei einem <u>Halbsextil</u> drängen entweder das Gefühl oder der Selbstausdruck auf eine Weiterentwicklung zu der jeweils anderen Qualität. Dadurch wird entweder das Gefühl egozentrisch (Venus => Sonne) oder der Selbstausdruck emotional (Sonne => Venus).

Venus – Mars

Bei einer <u>Konjunktion</u> erlebt man keinen Unterschied zwischen Gefühlen und Taten, zwischen Erotik und Sex, zwischen Zuneigung und Ekstase … man ist in jeglichem Handeln sehr gefühlvoll – sowohl emotional im Ausdruck als auch empfindsam – und man braucht daher für das eigene Handeln schöne Lebensumstände …

Bei einer <u>Opposition</u> wechselt man zwischen Gefühl und Kraft, zwischen Bewertung und Tat rhythmisch hin und her. Man findet jemanden sympathisch und zeigt es ihm auch … und irgendwann wechselt man ins Tun und will mit ihm Sex erleben, eine Wanderung machen oder arbeiten.

Bei einem <u>Trigon</u> gehen zwei nah verwandte Eigenschaften eine Freundschaft ein und unterstützen sich jederzeit gegenseitig: Der Schönheitssinn verbindet sich mit der Tatkraft, wodurch die Taten charmant und die Schönheit kraftvoll werden – Liebe und Sex verbinden sich zu einer herzlichen, feurigen Begegnung.

Bei einem <u>Sextil</u> unterstützen sich zwei Planeten in Tierkreiszeichen mit verschiedenen, aber ähnlichen Eigenschaften gelegentlich gegenseitig: Die Gefühle haben die Möglichkeit, zur Tat zu werden, und die Taten haben die Möglichkeit, gefühlvoll vorzugehen – dadurch können u.a. auch Liebe und Sex miteinander verbunden werden.

Bei einem <u>Quadrat</u> prüft man in jeder Situation stets aufs Neue, welche der beiden Eigenschaften man einsetzen will – und die andere Eigenschaft hält sich vollständig raus: Liebe oder Sex, Gefühl oder Tat, Sympathie oder Aggression.

Bei einem <u>Quincunx</u> stellen Gefühl und Tat immer wieder aufs Neue die Ordnung und die Spannung her. Das kann u.a. dazu führen, daß gelegentlich der Sex die Liebe vergißt und sie erst einmal wiederfinden muß – oder auch, daß die Liebe den Sex aus den Augen verliert. Wie bei allen Quincunxen ist dann Innehalten, Aufmerksamkeit und Feingefühl das Hilfreichste.

Bei einem <u>Halbsextil</u> drängen entweder das Gefühl oder die Tatkraft auf eine Weiterentwicklung zu der jeweils anderen Qualität. Dadurch wird entweder die Liebe zu Sex bzw. allgemeiner formuliert das Gefühl zur Tat (Venus => Mars) oder die Handlungen enden und lösen sich in Gefühlen auf (Mars => Venus).

Venus – Jupiter

Bei einer <u>Konjunktion</u> erlebt man keinen Unterschied zwischen Gefühlen und Organisation: Man erschafft aus den Gefühlen zu allen Menschen und allen Dingen eine große, umfassende Gefühlshaltung, in der Raum für alle und alles ist. Man kann nur dann organisieren, wenn man emotional an dem betreffenden Thema beteiligt ist.

Bei einer <u>Opposition</u> wechselt man zwischen Gefühl und Ziel, zwischen Bewertung und Organisation rhythmisch hin und her. Man schaut, was man erreichen will, und organisiert das – und wechselt danach zum Fühlen und gießt das Erreichte oder spürt nach, was man sonst noch gerne in seinem Leben hätte.

Bei einem <u>Trigon</u> gehen zwei nah verwandte Eigenschaften eine Freundschaft ein und unterstützen sich jederzeit gegenseitig: Man organisiert seine Gefühle, man baut seine Sympathien zu einem System aus, man managt seine verschiedenen Liebesbeziehungen. Die Organisation dient der Entfaltung der Gefühle und die Gefühle streben danach, zu einer großen Gesamthaltung verbunden zu werden.

Bei einem <u>Sextil</u> unterstützen sich zwei Planeten in Tierkreiszeichen mit verschiedenen, aber ähnlichen Eigenschaften gelegentlich gegenseitig: Gefühle haben die Möglichkeit, durch das Organisationstalent zu realen Erlebnissen zu werden, und die eigenen Ziele werden in den meisten Fällen die eigenen Gefühle und Vorlieben berücksichtigen.

Bei einem <u>Quadrat</u> prüft man in jeder Situation stets aufs Neue, welche der beiden Eigenschaften man einsetzen will – und die andere Eigenschaft hält sich vollständig raus: Gefühl oder Ideal, Liebe oder Lebensorganisation, Sympathie oder Ziele.

Bei einem <u>Quincunx</u> stellen Gefühl und Lebensplanung immer wieder aufs Neue die Ordnung und die Spannung her. Das kann dazu führen, daß sich die Liebe und die allgemeinen Lebensziele manchmal nur schwer unter einen Hut bringen lassen. Wenn man jedoch darauf achtet, daß man nicht hart und verkrampft oder schwach und resigniert wird, sondern kraftvoll und elastisch bleibt, lassen sich diese Widersprüche in den meisten Fällen nach einer Weile auflösen.

Bei einem <u>Halbsextil</u> drängen entweder das Gefühl oder die Ideale auf eine Weiterentwicklung zu der jeweils anderen Qualität. Dadurch wird entweder das Gefühl idealistisch (Venus => Jupiter) oder die Ideale emotional (Jupiter => Venus).

Venus – Saturn

Bei einer Konjunktion erlebt man keinen Unterschied zwischen Gefühlen und Beständigkeit. Wenn man etwas fühlt, ist das für immer so … chronische Emotionen … Treue … Man will im Bereich der Gefühle stets genau wissen, woran man ist und was der andere fühlt.

Bei einer Opposition wechselt man zwischen Gefühl und Fundament, zwischen Bewertung und Bewahrung rhythmisch hin und her. Man ist abwechselnd charmant-verführerisch und hart-prinzipientreu – jenachdem, auf welche Seite der „Schaukel" man gerade schwingt.

Bei einem Trigon gehen zwei nah verwandte Eigenschaften eine Freundschaft ein und unterstützen sich jederzeit gegenseitig: Gefühle sind dauerhaft und alles Dauerhafte ist von Gefühlen erfüllt. Man ist gefühlsbeständig und treu und sucht nach festen, sicheren und klar definierten Gefühlsverhältnissen.

Bei einem Sextil unterstützen sich zwei Planeten in Tierkreiszeichen mit verschiedenen, aber ähnlichen Eigenschaften gelegentlich gegenseitig: Gefühle haben die Möglichkeit, eine passende äußere Form für sich zu finden oder zu erschaffen, und die Formen haben die Möglichkeit, eine solides Fundament für die Gefühle zu sein.

Bei einem Quadrat prüft man in jeder Situation stets aufs Neue, welche der beiden Eigenschaften man einsetzen will – und die andere Eigenschaft hält sich vollständig raus: den Gefühlen folgen oder Beständigkeit, Sympathie oder Prinzip, Liebe oder Sicherheit.

Bei einem Quincunx stellen Gefühle und Form immer wieder aufs Neue die Ordnung und die Spannung her. Das führt gelegentlich zu Zweifeln an der eigenen Gefühls-Verläßlichkeit: „Liebst Du mich noch?" Auch hier ist die Weiterentwicklung der bisherigen Form entsprechend den neuen Umständen das, was weiterhilft.

Bei einem Halbsextil drängen entweder das Gefühl oder die Lebenserfahrung auf eine Weiterentwicklung zu der jeweils anderen Qualität. Dadurch wird entweder das Gefühl sachlich (Venus => Saturn) oder die Lebenserfahrung zu Gefühlen (Saturn => Venus).

Venus – Uranus

Bei einer Konjunktion erlebt man keinen Unterschied zwischen Gefühlen und Intuition, da die Intuitionen aus den Gefühlen kommen und die Gefühle sich sprunghaft entwickeln.

Bei einer Opposition wechselt man zwischen Gefühl und Intuition, zwischen Bewertung und Spontanität rhythmisch hin und her. Beides wird als verschieden, aber als Teil einer ständigen Schwingung erlebt – mal fühlt man und mal folgt man einem spontanen Impuls.

Bei einem Trigon gehen zwei nah verwandte Eigenschaften eine Freundschaft ein und unterstützen sich jederzeit gegenseitig: Gefühle blühen in der Spontanität auf und alles Plötzliche und Neue ist vor allem ein Gefühl.

Bei einem Sextil unterstützen sich zwei Planeten in Tierkreiszeichen mit verschiedenen, aber ähnlichen Eigenschaften gelegentlich gegenseitig: Die Gefühle können manchmal sehr spontan werden, und die Intuition hat die Möglichkeit, durch Gefühle erfaßt und durch Gefühle ausgedrückt zu werden.

Bei einem Quadrat prüft man in jeder Situation stets aufs Neue, welche der beiden Eigenschaften man einsetzen will – und die andere Eigenschaft hält sich vollständig raus: Gefühl oder Intuition, Liebe oder Spontanität, Sympathie oder Neuheit.

Bei einem Quincunx stellen Gefühle und Spontanität immer wieder aufs Neue die Ordnung und die Spannung her. Das führt zu unterhaltsamen Beziehungen (von außen her betrachtet) und zu gelegentlichen Zweifeln an der eigenen Liebe (von innen her betrachtet). Das aufrichtige und aufmerksame Hineinspüren in sich selber kann jedoch Klarheit in diese oft recht bewegten Gefühls-Situationen bringen.

Bei einem Halbsextil drängen entweder das Gefühl oder die Spontanität auf eine Weiterentwicklung zu der jeweils anderen Qualität. Dadurch wird entweder das Gefühl spontan-sprunghaft-neugierig (Venus => Uranus) oder die Spontanität zu Gefühlen (Uranus => Venus).

Venus – Neptun

Bei einer Konjunktion erlebt man keinen Unterschied zwischen Gefühlen und Grenzauflösung, da sich alle Gefühle in die Weite ausdehnen und kein begrenzendes Maß haben – und da man bei jeglicher Grenzauflösung wie in der Magie, der Mystik dem Sozialengagement, der Kunst, der Ökologie stets von den eigenen Gefühlen getragen wird.

Bei einer Opposition wechselt man zwischen Gefühl und Phantasie, zwischen Bewertung und Anteilnahme rhythmisch hin und her. Liebe und die künstlerische Darstellung der Liebe wechseln sich ab, ebenso das Streben nach Schönheit und das Streben nach Weitung des Bewußtseins und auch die individuelle Zuneigung und das allgemeine soziale Engagement.

Bei einem Trigon gehen zwei nah verwandte Eigenschaften eine Freundschaft ein und unterstützen sich jederzeit gegenseitig: Gefühle sind das Tor zu der Weite der Welt; Gefühle sind der Zugang zur Kunst, zu Gemeinschaften, zur Religion und zur

Ökologie. Andererseits führt das Erleben der Verbundenheit mit dem Ganzen stets zu Gefühlen: Der Kontakt zur Welt ist Gefühl – Bhakti-Yoga …

Bei einem Sextil unterstützen sich zwei Planeten in Tierkreiszeichen mit verschiedenen, aber ähnlichen Eigenschaften gelegentlich gegenseitig: Die individuelle Liebe hat die Möglichkeit, zu einer allgemeinen Menschenliebe zu werden, und diese Verbundenheit mit dem Ganzen kann sich auch zu einem Gefühl für einen Einzelnen konkretisieren.

Bei einem Quadrat prüft man in jeder Situation stets aufs Neue, welche der beiden Eigenschaften man einsetzen will – und die andere Eigenschaft hält sich vollständig raus: Gefühl oder Ahnung, Liebe oder Kunst, Vorlieben oder Ökologie.

Bei einem Quincunx stellen Gefühl und Phantasie immer wieder aufs Neue die Ordnung und die Spannung her. Das führt manchmal zu Tagträumen von Gefühlen oder Beziehungen, die real gar nicht vorhanden sind – sowohl Sehnsüchten als auch Ängsten. Hier wird die Unterscheidung von Träumen und Realität gebraucht – und die Suche nach einem sinnvollen nächsten Schritt, um der Verwirklichung der Träume näher zu kommen.

Bei einem Halbsextil drängen entweder das Gefühl oder das Grenzauflösen auf eine Weiterentwicklung zu der jeweils anderen Qualität. Dadurch wird entweder das individuelle Gefühl zu allgemeinen Gefühlen geweitet, d.h. die Liebe zu einem konkreten Menschen wird zu allgemeiner Menschenliebe (Venus => Neptun) oder man engt diese allgemeinen Gefühle zu einem konkreten Gefühl ein und konkretisiert sie dadurch (Neptun => Venus).

Venus – Pluto

Bei einer Konjunktion erlebt man keinen Unterschied zwischen Gefühlen und dem Wesentlichen, denn die Gefühle sind das Wesentliche und alles Wesentliche drückt sich durch Gefühle aus – wie sollte das auch anderes ein können? Liebe ist existentiell – und Abneigung auch …

Bei einer Opposition wechselt man zwischen Gefühl und Überzeugung, zwischen Bewertung und Existentiellem rhythmisch hin und her. Mal folgt man seiner Liebe und mal seinen Grundüberzeugungen – beides kann durchaus sehr verschieden sein, aber wird trotzdem als zusammengehörig erlebt.

Bei einem Trigon gehen zwei nah verwandte Eigenschaften eine Freundschaft ein und unterstützen sich jederzeit gegenseitig: Gefühle steigern sich zu Existentiellem und sind der Zugang zum Wesentlichen, das sich stets als erstes durch Gefühle zeigt. Die Gefühle sind das, was die Welt bewegt.

Bei einem Sextil unterstützen sich zwei Planeten in Tierkreiszeichen mit verschiedenen, aber ähnlichen Eigenschaften gelegentlich gegenseitig: Die Gefühle haben die

Möglichkeit, intensiv zu werden, und das Wesentliche hat die Möglichkeit, als Gefühl erlebt zu werden.

Bei einem <u>Quadrat</u> prüft man in jeder Situation stets aufs Neue, welche der beiden Eigenschaften man einsetzen will – und die andere Eigenschaft hält sich vollständig raus: Gefühl oder Überzeugung, Sympathie oder Wesentliches, Schönheit oder Essenz.

Bei einem <u>Quincunx</u> stellen Gefühle und Überzeugungen immer wieder aufs Neue die Ordnung und die Spannung her. Das führt zu heftigen Gefühlen, die manchmal nicht allzufest in der Realität gegründet sein können – dann ist das Innehalten und die Selbstbetrachtung sowie ein möglichst gelassenes Gespräch mit den evtl. beteiligten Menschen förderlich.

Bei einem <u>Halbsextil</u> drängen entweder das Gefühl oder die Grundüberzeugungen auf eine Weiterentwicklung zu der jeweils anderen Qualität. Dadurch wird entweder das Gefühl existentiell (Venus => Pluto) oder die Grundüberzeugungen werden zu Gefühlen (Pluto => Venus).

IX 3. d) Sonne

Sonne – Mars

Bei einer <u>Konjunktion</u> erlebt man keinen Unterschied zwischen Identität und Tat – man tut stets, was man will, und man erlebt sich als das, was man tut. Man kann nur selbstbestimmt handeln – sonst hat mein einfach keine Kraft …

Bei einer <u>Opposition</u> wechselt man zwischen Zentrum und Kraft, zwischen Selbstausdruck und Handlung rhythmisch hin und her: mal besinnt man sich auf das, was man will, und mal tut man das, was man will. Der Wechsel besteht hier nicht im Bereich der Selbsttreue, sondern darin, daß man abwechselnd in sich hineinspürt und handelt.

Bei einem <u>Trigon</u> gehen zwei nah verwandte Eigenschaften eine Freundschaft ein und unterstützen sich jederzeit gegenseitig: Wenn man etwas will, tut man es auch. Und man tut nichts, was man nicht will. Punkt, aus, fertig!

Bei einem <u>Sextil</u> unterstützen sich zwei Planeten in Tierkreiszeichen mit verschiedenen, aber ähnlichen Eigenschaften gelegentlich gegenseitig: Das Ich hat die Möglichkeit, sich durch Taten auszudrücken, und die Taten haben die Möglichkeit, zum Selbstausdruck zu werden.

Bei einem <u>Quadrat</u> prüft man in jeder Situation stets aufs Neue, welche der beiden Eigenschaften man einsetzen will – und die andere Eigenschaft hält sich vollständig raus: Ich oder Tat, Selbstausdruck oder Triebe, Selbstverwirklichung oder Kampf.

Bei einem <u>Quincunx</u> stellen Ich und Tat immer wieder aufs Neue die Ordnung und die Spannung her. Das führt zu der Frage, wie man das, als das man sich eigentlich selber erlebt, auch tun kann: „Wie kann ich immer tun, was ich will?" Man hat manchmal das Gefühl, sich in seinen Taten selber nicht treu sein zu können – dann ist es notwendig, sich zu besinnen und nach einem sinnvollen nächsten Schritt zu suchen, nach einem ersten Schritt auf dem Weg, der einem selber entspricht ... und auf dem man immer wieder innehalten und schauen muß, um den eigenen Kurs wieder zu justieren.

Bei einem <u>Halbsextil</u> drängen entweder der Selbstausdruck oder die Tatkraft auf eine Weiterentwicklung zu der jeweils anderen Qualität. Dadurch wird entweder der Selbstausdruck zu Taten oder etwas spezieller formuliert, die Wahrnehmung des Wesens des anderen Menschen zu Sex mit ihm (Sonne => Mars) oder die Taten werden egozentrisch (Mars => Sonne).

<u>Sonne – Jupiter</u>

Bei einer <u>Konjunktion</u> erlebt man keinen Unterschied zwischen Identität und Organisation: Man ist der, der organisiert, und das, was man organisiert, ist stets der Selbstausdruck – und man ist stets selber derjenige, der organisiert, denn wie sollte man einem anderen die Festlegung der eigenen Ziele und des eigenen Weges dorthin bestimmen lassen können, ohne sich dadurch selber zu verlieren?

Bei einer <u>Opposition</u> wechselt man zwischen Zentrum und Ziel, zwischen Selbstausdruck und Organisation rhythmisch hin und her. Hier sind die Pole das Individuelle und das Übergeordnete – man kümmert sich um beides, aber eben nicht gleichzeitig, und man verbindet beides auch nicht zu einer Einheit, sondern läßt es stets zwei getrennte Lebensbereiche sein.

Bei einem <u>Trigon</u> gehen zwei nah verwandte Eigenschaften eine Freundschaft ein und unterstützen sich jederzeit gegenseitig: Man erlebt sich als Teil eines Systems, als Teil einer Gruppe – man organisiert das Leben, das man leben will und ist der Manager des eigenen Lebenslaufs, dessen Zügel man fest in der Hand hält.

Bei einem <u>Sextil</u> unterstützen sich zwei Planeten in Tierkreiszeichen mit verschiedenen, aber ähnlichen Eigenschaften gelegentlich gegenseitig: Das Ich hat die Möglichkeit, sich selbst als Gesamt-Lebenswurf zu gestalten, und das dafür nötige Organisationstalent hat die Möglichkeit, sich an dem, was man will, zu orientieren.

Bei einem <u>Quadrat</u> prüft man in jeder Situation stets aufs Neue, welche der beiden Eigenschaften man einsetzen will – und die andere Eigenschaft hält sich vollständig raus: Selbstausdruck oder Lebensorganisation, Ich oder Ziele, Egozentrik oder Ideale.

Bei einem <u>Quincunx</u> stellen Selbstausdruck und Lebensplanung immer wieder aufs

Neue die Ordnung und die Spannung her. Das führt gelegentlich zu Widersprüchen zwischen dem, was man will, und dem, was man für richtig hält – woraufhin wieder eine Neuorientierung angesagt ist, in der dieser Widerspruch aufgelöst worden ist …

Bei einem Halbsextil drängen entweder der Selbstausdruck oder die Ideale auf eine Weiterentwicklung zu der jeweils anderen Qualität. Dadurch weicht entweder der Selbstausdruck den Idealen (Sonne => Jupiter) oder die Ideale werden egozentrisch (Mars => Sonne).

Sonne – Saturn

Bei einer Konjunktion erlebt man keinen Unterschied zwischen Identität und Form, da man sich selber als das Beständige in der Welt erlebt – man ist das, was aus den Gesetzmäßigkeit der Welt heraus entsteht. Folglich sieht man sich selber als dauerhaft und als kaum wandelbar an.

Bei einer Opposition wechselt man zwischen Zentrum und tragender Form, zwischen Selbstausdruck und Bewahrung rhythmisch hin und her. Man sieht zum einen die Lebensdrang im eigenen Inneren und zum anderen die äußeren Notwendigkeiten und kümmert sich abwechselnd um beides, sodaß beides gedeihen kann.

Bei einem Trigon gehen zwei nah verwandte Eigenschaften eine Freundschaft ein und unterstützen sich jederzeit gegenseitig: Wille und Schicksal verbinden sich miteinander, Wille wird Form und Form wird Wille – man erschafft eine klar definierte, feste, beständige Gestalt des eigenen Selbstausdrucks.

Bei einem Sextil unterstützen sich zwei Planeten in Tierkreiszeichen mit verschiedenen, aber ähnlichen Eigenschaften gelegentlich gegenseitig: Das Ich hat die Möglichkeit, zu einer festen, definierten Form zu werden, und für äußere Formen besteht die Möglichkeit, daß sich das Ich mit ihnen identifiziert.

Bei einem Quadrat prüft man in jeder Situation stets aufs Neue, welche der beiden Eigenschaften man einsetzen will – und die andere Eigenschaft hält sich vollständig raus: Selbstausdruck oder Gesetze, Wille oder Regeln, Ich oder Beständigkeit.

Bei einem Quincunx stellen Wille und Gesetz immer wieder aufs Neue die Ordnung und die Spannung her. Das führt zu einem Ringen des Willens mit den äußeren Gegebenheiten, bei dem man immer wieder gut lebbare Kompromisse und Kooperationen findet, die jedoch alle nicht ewig halten, sondern nur vorübergehend funktionieren – und dann wieder neu formuliert werden müssen.

Bei einem Halbsextil drängen entweder der Selbstausdruck oder der Realitätssinn auf eine Weiterentwicklung zu der jeweils anderen Qualität. Dadurch weicht entweder der Selbstausdruck dem Akzeptieren der Welt, wie sie ist, (Sonne => Saturn) oder man kümmert sich nicht mehr um die Lebenserfahrungen und tut einfach, was man gerade will (Saturn => Sonne).

Sonne – Uranus

Bei einer <u>Konjunktion</u> erlebt man keinen Unterschied zwischen Zentrum und Exzentrischem. Man ist immer wieder etwas anderes, etwas Neues – jede Identität ist nur eine von vielen Möglichkeiten …

Bei einer <u>Opposition</u> wechselt man zwischen Zentrum und Ausgefallenem, zwischen Selbstausdruck und Neugier rhythmisch hin und her. Das Zentrische und das Exzentrische befruchten sich gegenseitig: Man ist abwechselnd ganz auf den Selbstausdruck und auf das Entdecken und Erobern von Neuland konzentriert.

Bei einem <u>Trigon</u> gehen zwei nah verwandte Eigenschaften eine Freundschaft ein und unterstützen sich jederzeit gegenseitig: Man ist vieles – und vor allem ist man das, was man alles werden könnte. Das Zentrum ist exzentrisch … und ständig neu und anders. Warum sich auf irgendeine Selbstdefinition beschränken?

Bei einem <u>Sextil</u> unterstützen sich zwei Planeten in Tierkreiszeichen mit verschiedenen, aber ähnlichen Eigenschaften gelegentlich gegenseitig: Das Ich hat die Möglichkeit, sich spontan neu zu erfinden und neu zu definieren, und die spontane Intuition hat die Möglichkeit, zum Selbstausdruck zu werden.

Bei einem <u>Quadrat</u> prüft man in jeder Situation stets aufs Neue, welche der beiden Eigenschaften man einsetzen will – und die andere Eigenschaft hält sich vollständig raus: Zentrum oder Exzentrik, Selbstausdruck oder Spontanität, Identität oder Neuheit.

Bei einem <u>Quincunx</u> stellen Zentrum und Exzentrik immer wieder aufs Neue die Ordnung und die Spannung her. Das führt des öfteren zu der Frage, „Wer bin ich? Und wenn ja, wie viele?" Man hat meist mehr als nur ein Selbstbild oder eine Persönlichkeit und es gibt daher die Aufgabe, diese Vielfalt der inneren Möglichkeiten als Dirigent zu einem klangreichen Konzert zu koordinieren.

Bei einem <u>Halbsextil</u> drängen entweder der Selbstausdruck oder die Intuition auf eine Weiterentwicklung zu der jeweils anderen Qualität. Dadurch weicht entweder der Selbstausdruck der Spontanität (Sonne => Uranus) oder die Spontanität weicht der Egozentrik (Uranus => Sonne).

Sonne – Neptun

Bei einer <u>Konjunktion</u> erlebt man keinen Unterschied zwischen Identität und Weitung: Man erlebt sich in der Kunst, im Sozialengagement, in der Meditation in der Ökologie … Das Ich ist ein Tropfen in einem grenzenlosen Meer und es ist zwar real, aber verfügt über keine abgegrenzte Identität … man unterscheidet nur geringfügig zwischen sich selber und dem Rest der Welt …

Bei einer <u>Opposition</u> wechselt man zwischen Zentrum und Grenzauflösung, zwischen Selbstausdruck und Anteilnahme rhythmisch hin und her. Hier lösen Egoismus und Altruismus einander ab – man ist mal auf das eigene Wohlergehen und mal auf das Wohlergehen der Gemeinschaft ausgerichtet. Wie immer bei einer Opposition ist der harmonische Rhythmus, der dafür sorgt, daß beide Bereiche in etwa dieselbe Aufmerksamkeit erhalten, der wesentliche Punkt.

Bei einem Trigon gehen zwei nah verwandte Eigenschaften eine Freundschaft ein und unterstützen sich jederzeit gegenseitig: Das Ich wird als Teil des Ganzen erlebt, als Teil des Kontinuums, als Tropfen im Meer, als Welle im Fluß des Lebens – man ist mit allem verbunden und hat keine Existenz und Individualität in sich selber, sondern man existiert nur als ein Teil des Ganzen, das das eigentlich Reale ist. Man ist Gemeinschaft, Spiritualität, Kunst, Ökologie …

Bei einem Sextil unterstützen sich zwei Planeten in Tierkreiszeichen mit verschiedenen, aber ähnlichen Eigenschaften gelegentlich gegenseitig: Der Egoismus hat die Möglichkeit, sich zum Altruismus zu weiten, und das Verbundenheitsgefühl mit dem Ganzen hat die Möglichkeit, zum Selbstausdruck zu werden.

Bei einem Quadrat prüft man in jeder Situation stets aufs Neue, welche der beiden Eigenschaften man einsetzen will – und die andere Eigenschaft hält sich vollständig raus: Egozentrik oder Grenzauflösung, Selbstdarstellung oder Kunst, Selbstausdruck oder sozialverträgliches Verhalten.

Bei einem Quincunx stellen Zentrierung und Grenzauflösung immer wieder aufs Neue die Ordnung und die Spannung her. Das führt zu letztlich zu dem Erlebnis, daß man zwar eine Qualität, aber keine Grenze hat – ein Erlebnis, das bei fortgeschritteneren Meditationen auftritt. Es ist die Suche nach dem, was man innerhalb des Ganzen ist.

Bei einem Halbsextil drängen entweder der Selbstausdruck oder die Grenzauflösung auf eine Weiterentwicklung zu der jeweils anderen Qualität. Dadurch weicht entweder der Selbstausdruck der Weitung (Sonne => Neptun) oder die Wahrnehmung der Allverbundenheit engt sich auf eine Egozentrik ein (Neptun => Sonne).

Sonne – Pluto

Bei einer Konjunktion erlebt man keinen Unterschied zwischen dem Ich und dem Wesentlichen, denn das eigene Ich ist das Wesentliche, es ist das, was man leben und ausdrücken will. Individualität ist die Essenz des Lebens … und man hat keinerlei Probleme, das, was man will, auch durchzusetzen …

Bei einer Opposition wechselt man zwischen Zentrum und Ursprung, zwischen Selbstausdruck und Selbsterhaltung rhythmisch hin und her. Zu manchen Zeiten lebt man einfach das, was einem gerade so gefällt, und zu anderen Zeiten tut man das, was für das Überleben notwendig ist. Man erlebt das „Leben des eigenen Lebens" und das

„Tun des Wesentlichen" als zwei Pole eines Ganzen.

Bei einem <u>Trigon</u> gehen zwei nah verwandte Eigenschaften eine Freundschaft ein und unterstützen sich jederzeit gegenseitig: Das Ich ist das Wesentliche, der eigene Wille ist die Mitte des Lebens, man selber ist die Essenz der Welt – es geht ausschließlich um Selbstausdruck.

Bei einem <u>Sextil</u> unterstützen sich zwei Planeten in Tierkreiszeichen mit verschiedenen, aber ähnlichen Eigenschaften gelegentlich gegenseitig: Das Ich hat die Möglichkeit, als das Wesentliche erlebt zu werden, und das Wesentliche hat die Möglichkeit, als die eigene Quelle erlebt zu werden.

Bei einem <u>Quadrat</u> prüft man in jeder Situation stets aufs Neue, welche der beiden Eigenschaften man einsetzen will – und die andere Eigenschaft hält sich vollständig raus: Selbstausdruck oder Streben nach dem Wesentlichen, Ich oder Gott, Egoismus oder Ökologie.

Bei einem <u>Quincunx</u> stellen Selbstausdruck und Grundüberzeugungen immer wieder aufs Neue die Ordnung und die Spannung her. Das führt dazu, daß man sich immer wieder fragt, wie man die eigenen Wünsche und Vorlieben mit dem, was man für Unumgänglich hält, vereinen kann. Dabei sind immer wieder besinnliche Stunden, Gespräche mit Freunden oder Meditationen hilfreich.

Bei einem <u>Halbsextil</u> drängen entweder der Selbstausdruck oder Grundüberzeugungen auf eine Weiterentwicklung zu der jeweils anderen Qualität. Dadurch weicht entweder der Selbstausdruck den Grundüberzeugungen (Sonne => Pluto) oder die Grundüberzeugungen werden zugunsten des Egoismus hintenan gestellt (Pluto => Sonne).

IX 3. e)   Mars

Mars – Jupiter

Bei einer <u>Konjunktion</u> erlebt man keinen Unterschied zwischen Tat und Organisation, zwischen Kraft und Energie, zwischen Handlung und Ziel – beides ist miteinander vereint: Man weiß, was man will, erkennt den Weg dorthin und geht ihn. Ganz einfach …

Bei einer <u>Opposition</u> wechselt man zwischen Tat und Ziel, zwischen Kraft und Energie rhythmisch hin und her. Die Zeit der Suche nach dem richtigen Ziel ist die Grundlage der Zeiten, in denen diese Ziele durch Taten verwirklicht werden – und die Zeiten der Tat inspirieren wiederum die Zeiten des Erfassens der bestmöglichen Ziele.

Bei einem <u>Trigon</u> gehen zwei nah verwandte Eigenschaften eine Freundschaft ein und unterstützen sich jederzeit gegenseitig: Die einzelne Tat wird stets vor dem

Hintergrund der übergeordneten Ziele gesehen – sie wird daher zur Umsetzung der Ideale. Die Ziele und Ideale sind ihrerseits ganz auf ihre tatkräftige Verwirklichung hin ausgelegt. Es wird mit Kraft und notfalls auch mit Aggression organisiert und gemanagt.

Bei einem Sextil unterstützen sich zwei Planeten in Tierkreiszeichen mit verschiedenen, aber ähnlichen Eigenschaften gelegentlich gegenseitig: Die Taten haben die Möglichkeit, durch das Organisationstalent Unterstützung zu erhalten, und die eigenen Ideale und Ziele haben die Möglichkeit, durch die Tatkraft verwirklicht zu werden.

Bei einem Quadrat prüft man in jeder Situation stets aufs Neue, welche der beiden Eigenschaften man einsetzen will – und die andere Eigenschaft hält sich vollständig raus: Tat oder Ideal, Konkurrenz oder Kooperation, Sex oder Kollegialität.

Bei einem Quincunx stellen Tatkraft und Organisationstalent immer wieder aufs Neue die Ordnung und die Spannung her. Das führt dazu, daß man oft etwas anderes tun will als das, was dem Erreichen der eigenen Ziele förderlich wäre. Da ist es dann notwendig, zu schauen, wie man das zusammenbringen kann, wofür man wie viel Zeit aufwenden will und in welchen Lebensbereichen man diesen beiden Impulse leben will.

Bei einem Halbsextil drängen entweder die Tatkraft oder die übergeordneten Ziele auf eine Weiterentwicklung zu der jeweils anderen Qualität. Dadurch weicht entweder die Tatkraft der Lebensorganisation (Mars => Jupiter) oder es treten pragmatische Taten an die Stelle der Ideale (Jupiter => Mars).

Mars – Saturn

Bei einer Konjunktion erlebt man keinen Unterschied zwischen Kraft und Form. Man erkennt sofort, welche Form optimal ist, um die eigene Kraft einzusetzen, man schafft durch sein Handeln Formen; und man braucht Klarheit, um die eigene Kraft effektiv ausrichten zu können.

Bei einer Opposition wechselt man zwischen Tat und Form, zwischen Kraft und Fundament rhythmisch hin und her. Wenn man handelt, tritt man aus der Tradition und den Regeln heraus und folgt ganz dem Handlungsimpuls – doch darauf folgt immer wieder eine Einordnung in das Lebensgefüge, in dem alles seinen Platz erhält … bis man wieder aus dem Geformten heraustritt und einfach handelt.

Bei einem Trigon gehen zwei nah verwandte Eigenschaften eine Freundschaft ein und unterstützen sich jederzeit gegenseitig: Handlungen sind stets ausdauernd und nachdrücklich und auf die effektivste Weise geformt. Die einzelnen Taten stehen stets in einem größeren Rahmen, an dem sie sich orientieren. Die Prinzipien werden mit großem Nachdruck umgesetzt.

Bei einem Sextil unterstützen sich zwei Planeten in Tierkreiszeichen mit verschiedenen, aber ähnlichen Eigenschaften gelegentlich gegenseitig: Die Taten haben die Möglichkeit, durch die äußeren Formen ein unterstützendes Fundament zu erhalten, und die äußeren Formen haben die Möglichkeit, durch die Taten geschützt und gestärkt zu werden.

Bei einem Quadrat prüft man in jeder Situation stets aufs Neue, welche der beiden Eigenschaften man einsetzen will – und die andere Eigenschaft hält sich vollständig raus: Sex oder Ehe, Tatendrang oder Gesetz, freies Handeln oder Legalität.

Bei einem Quincunx stellen Kraft und Form immer wieder aufs Neue die Ordnung und die Spannung her. Das führt dazu, daß man des öfteren mal Regeln überschreitet oder mit dem Gesetz in Konflikt gerät. Da ist es sinnvoll, sich möglichst früh die äußeren Situationen und die inneren Impulse genauer anzusehen und nach Möglichkeiten zu suchen, die Konflikte möglichst gering und folgenarm zu halten.

Bei einem Halbsextil drängen entweder die Tatkraft oder die Lebenserfahrung auf eine Weiterentwicklung zu der jeweils anderen Qualität. Dadurch weicht entweder die Tatkraft der Lebenserfahrung und dem Akzeptieren der Gegebenheiten (Mars => Saturn) oder es tritt Tatkraft an die Stelle des Akzeptierens der Lebensumstände (Saturn => Mars).

Mars – Uranus

Bei einer Konjunktion erlebt man keinen Unterschied zwischen Kraft und Spontanität, da zum einen Kraft stets spontan und intuitiv eingesetzt wird und zum anderen die Intuition stets beim Handeln auftaucht. Man ist stets für neue Arten des Handelns offen, für neue Wege, für Experimente beim Sex …

Bei einer Opposition wechselt man zwischen Tat und Spontanität, zwischen Kraft und Kurswechsel rhythmisch hin und her. Das gezielte Handeln und das Streben nach Neuem lösen sich ab, wodurch in rhythmischer Weise zum einen der Kurs des Handelns und zum anderen die Blickrichtung der Intuition geändert wird.

Bei einem Trigon gehen zwei nah verwandte Eigenschaften eine Freundschaft ein und unterstützen sich jederzeit gegenseitig: Die Tatkraft ist am effektivsten, wenn sie spontan ist – die Intuitionen münden stets sofort in Handlungen. Man handelt unberechenbar, man agiert auf stets neue Weise, das eigene Tun kann von anderen nicht vorhergesagt werden – und auch von einem selber nicht …

Bei einem Sextil unterstützen sich zwei Planeten in Tierkreiszeichen mit verschiedenen, aber ähnlichen Eigenschaften gelegentlich gegenseitig: Die Taten haben die Möglichkeit, durch die Intuition neue Wege zu finden, und die Intuition hat durch die Tatkraft die Möglichkeit, nicht nur einen abstrakte Idee zu bleiben.

Bei einem Quadrat prüft man in jeder Situation stets aufs Neue, welche der beiden

Eigenschaften man einsetzen will – und die andere Eigenschaft hält sich vollständig raus: Tat oder Intuition, Wut oder Spontanität, Handlung oder Neufindung.

Bei einem Quincunx stellen Tatkraft und Spontanität immer wieder aufs Neue die Ordnung und die Spannung her. Das führt zu häufigen Kurswechseln, von denen man möglicherweise auch selber überrascht wird. Hier ist es förderlich, ein wenig Wachheit in das Ganze zu bringen, ohne dadurch die Tatkraft oder die Spontanität zu beeinträchtigen – das ist eine Aufgabe für den Regisseur, der letztlich immer derjenige ist, der dafür sorgen kann, daß man die Aspekte im eigenen Horoskop auf eine möglichst konstruktive und früchtereiche Weise lebt.

Bei einem Halbsextil drängen entweder die Tatkraft oder Intuition auf eine Weiterentwicklung zu der jeweils anderen Qualität. Dadurch weicht entweder die Tatkraft den spontanen Impulsen (Mars => Uranus) oder es treten Taten an die Stelle der Spontanität (Uranus => Mars).

Mars – Neptun

Bei einer Konjunktion erlebt man keinen Unterschied zwischen Tat und Grenzauflösung, was bedeutet, daß man stets in Hinblick auf das Ganze handelt und daß man jegliches künstlerische, soziale, religiöse oder ökologische Engagement stets als Taten, also Kraftausdruck erlebt – man tut etwas, was in Bezug zum Ganzen steht.

Bei einer Opposition wechselt man zwischen Tat und Phantasie, zwischen Kraft und Anteilnahme rhythmisch hin und her. Aggression und Altruismus lösen hier einander ab: die Tatkraft und das Mitgefühl, die Sexualität und die Kunst, das Begehren und die Ökologie, die Wut und die Religion … und beides befruchtet sich stets gegenseitig.

Bei einem Trigon gehen zwei nah verwandte Eigenschaften eine Freundschaft ein und unterstützen sich jederzeit gegenseitig: Das Handeln folgt dem Gespür für den sinnvollsten Weg, den man mehr erahnt als wirklich kennt. Jegliche Mystik, Kunst, Sozialengagement und Religion will Tat werden.

Bei einem Sextil unterstützen sich zwei Planeten in Tierkreiszeichen mit verschiedenen, aber ähnlichen Eigenschaften gelegentlich gegenseitig: Die Tatkraft hat die Möglichkeit, sich zu einem altruistischen Handeln zu weiten, und die Sexualität kann durch die Erweckung der Kundalini und durch Tantra-Yoga zur Erleuchtung führen; und andererseits hat das Sozialengagement, die Spiritualität, die Ökologie und die Kunst durch die Tatkraft die Möglichkeit, zu einer großen Wirkung zu gelangen und die Welt zu verändern.

Bei einem Quadrat prüft man in jeder Situation stets aufs Neue, welche der beiden Eigenschaften man einsetzen will – und die andere Eigenschaft hält sich vollständig raus: sexuelles Begehren oder symbiotische Liebe, Triebe oder soziale Rücksichtnahme, Geilheit oder Kunst.

Bei einem Quincunx stellen Tatkraft und Phantasie immer wieder aufs Neue die Ordnung und die Spannung her. Das führt manchmal dazu, daß man sich für sein soziales, religiöses, künstlerisches oder ökologisches Engagement zu sehr auspowert – das sollte man vermeiden und sein Kräfte-Niveau genauso wichtig nehmen wie das eben genannte Engagement. Und man sollte auch dem einfachen Kraft-Genießen in Lachen, Tanz und Sex genügend Raum im eigenen Leben geben.

Bei einem Halbsextil drängen entweder die Tatkraft oder die Wunschträume auf eine Weiterentwicklung zu der jeweils anderen Qualität. Dadurch weicht entweder die Tatkraft dem Tagträumen, das durchaus produktiv sein kann, (Mars => Neptun) oder die Phantasie verdichtet sich zu konkreten Taten (Neptun => Mars).

Mars – Pluto

Bei einer Konjunktion erlebt man keinen Unterschied zwischen Tat und Existentiellem. Wie Goethe schon sagte: „An Anfang stand die Tat." Oder Heraklit: „Der Krieg ist der Vater aller Dinge." Man hat die Neigung, das Tun, die Sexualität, die Ekstase, den Kampf in den Mittelpunkt des eigenen Lebens zu stellen.

Bei einer Opposition wechselt man zwischen Tat und Überzeugung, zwischen Kraft und existentieller Notwendigkeit rhythmisch hin und her. Hier folgt auf das Handeln aus dem Handlungsdrang heraus die Ausrichtung auf das Wesentliche und Essentielle, woraufhin dann wieder nach einer Weile das Handeln aus dem schlichten Bedürfnis nach einer Tat heraus folgt.

Bei einem Trigon gehen zwei nah verwandte Eigenschaften eine Freundschaft ein und unterstützen sich jederzeit gegenseitig: Jede Tat ist auf das Wesentliche ausgerichtet und alles, Existentielle wird zur Tat. Dadurch ist das Handeln stets intensiv, heftig, einsgerichtet, unbeirrbar und voller Kraft.

Bei einem Sextil unterstützen sich zwei Planeten in Tierkreiszeichen mit verschiedenen, aber ähnlichen Eigenschaften gelegentlich gegenseitig: Die Taten haben die Möglichkeit, einsgerichtet zu werden, und das Wesentliche hat die Möglichkeit, als konkrete Handlung in der Welt zu erscheinen.

Bei einem Quadrat prüft man in jeder Situation stets aufs Neue, welche der beiden Eigenschaften man einsetzen will – und die andere Eigenschaft hält sich vollständig raus: Tat oder Überzeugung, Handlung oder Besinnung aufs Wesentliche, Rache oder Selbstverwandlung.

Bei einem Quincunx stellen Kraft und Überzeugungen immer wieder aufs Neue die Ordnung und die Spannung her. Das kann dazu führen, daß man nicht weiß, was man eigentlich tun will – oder dazu, daß man auf manche Taten völlig fixiert ist. In beiden Fällen ist es notwendig, die eigenen Handlungsimpulse und Grundüberzeugungen in

Ruhe zu erspüren und zu betrachten, um wieder auf einen klaren Kurs zu kommen.

Bei einem <u>Halbsextil</u> drängen entweder die Tatkraft oder die Grundüberzeugungen auf eine Weiterentwicklung zu der jeweils anderen Qualität. Dadurch weicht entweder die Tatkraft der Ausrichtung auf das Wesentliche (Mars => Pluto) oder man läßt das Erfassen des Wesentlichen beiseite und schreitet zur Tat (Pluto => Mars).

IX 3. f) Jupiter

Jupiter – Saturn

Bei einer <u>Konjunktion</u> erlebt man keinen Unterschied zwischen Organisation und Form – schließlich wird alles, was man organisiert hat, auch in eine feste Form gegeben … und wie sollte man etwas fest werden lassen können, wenn man es nicht zuvor ausgewählt und organisiert hat? Offensichtlich sind die Werte und die Ziele hier sehr beständig.

Bei einer <u>Opposition</u> wechselt man zwischen Ziel und Form, zwischen Organisation und Erhaltung rhythmisch hin und her. Das Organisieren und das Managen führen zu festen Formen, die dann erhalten und geschützt werden; nach einer Weile entsteht jedoch der Drang nach neuen Zielen und Projekten und man löst sich von den bestehenden Formen und baut etwas Neues auf … das man dann wieder in eine feste Form überführt.

Bei einem <u>Trigon</u> gehen zwei nah verwandte Eigenschaften eine Freundschaft ein und unterstützen sich jederzeit gegenseitig: Das Organisieren des Erreichens der eigenen Ziele orientiert sich immer an der Realität und nutzt die Regeln und die Autoritäten, um sie zu erreichen. Die Ziele sind beständig und man wird zu einem Teil des Systems, das die Form aufrechterhält.

Bei einem <u>Sextil</u> unterstützen sich zwei Planeten in Tierkreiszeichen mit verschiedenen, aber ähnlichen Eigenschaften gelegentlich gegenseitig: Die Lebensorganisation hat die Möglichkeit, feste Formen zu erschaffen, und die Form hat die Möglichkeit, das Erreichen der eigenen Ziele zu fördern.

Bei einem <u>Quadrat</u> prüft man in jeder Situation stets aufs Neue, welche der beiden Eigenschaften man einsetzen will – und die andere Eigenschaft hält sich vollständig raus: Organisation oder Regeleinhaltung, Ideal oder Tradition, Selbstorganisation oder Eingliederung.

Bei einem <u>Quincunx</u> stellen Organisationsvermögen und Notwendigkeiten immer wieder aufs Neue die Ordnung und die Spannung her. Das führt dazu, daß man immer wieder einmal nach Möglichkeiten sucht, wie man das, was man will, angesichts der äußeren Situation doch umsetzen kann. Hier ist vor allem Kreativität gefordert.

Bei einem <u>Halbsextil</u> drängen entweder die Lebensorganisation oder die Lebenserfahrung auf eine Weiterentwicklung zu der jeweils anderen Qualität. Dadurch weicht entweder das Ideal dem Akzeptieren der Lebensumstände (Jupiter => Saturn) oder es drängen sich die Ideale an dem Akzeptieren des anscheinend Unvermeidlichen vorbei in den Vordergrund (Saturn => Jupiter).

Jupiter – Uranus

Bei einer <u>Konjunktion</u> erlebt man keinen Unterschied zwischen Organisation und Intuition: Die Organisation folgt der Intuition und man will alles, was man intuitiv als gut erfaßt, auch durch das eigene Organisieren realisieren. Der Lebenslauf ist dadurch ein wenig sprunghaft, aber reich an interessanten Wendungen.

Bei einer <u>Opposition</u> wechselt man zwischen Ziel und Einfall, zwischen Organisation und Spontanität rhythmisch hin und her. Das Organisieren läuft eine Weile stetig vor sich hin und wird dann auf einmal von neuen Ideen durcheinandergewirbelt; doch nach einer Weile beginnt sich dann das Neue in klaren Formen zu konkretisieren und wird organisierbar und lenkbar … bis eine neue Idee wieder alles neu in Turbulenzen versetzt.

Bei einem <u>Trigon</u> gehen zwei nah verwandte Eigenschaften eine Freundschaft ein und unterstützen sich jederzeit gegenseitig: Ziele sind immer wieder neu – jedesmal, wenn man eine neue Möglichkeit entdeckt, verändern sich auch die Ideale, Ziele und das Organisieren.

Bei einem <u>Sextil</u> unterstützen sich zwei Planeten in Tierkreiszeichen mit verschiedenen, aber ähnlichen Eigenschaften gelegentlich gegenseitig: Das Managen der Verwirklichung der eigenen Ideale hat die Möglichkeit, spontanen Eingebungen zu folgen und sich dadurch um neue Aspekte zu bereichern und Abkürzungen zu finden, und die Intuition hat die Möglichkeit, sich in das bereits bestehende System einzufügen und es zu bereichern und weiterzuentwickeln.

Bei einem <u>Quadrat</u> prüft man in jeder Situation stets aufs Neue, welche der beiden Eigenschaften man einsetzen will – und die andere Eigenschaft hält sich vollständig raus: Ideal oder Eingebung, Aufbau oder plötzliche Veränderung, Gestaltung oder Erfindung.

Bei einem <u>Quincunx</u> stellen Ziele und Spontanität immer wieder aufs Neue die Ordnung und die Spannung her. Das kann zu häufigen Kurswechseln führen, die alle nicht von großer Beständigkeit sind. All diese Veränderungen kommen durch neue Umstände zustande, die in den bisherigen Kurs integriert werden, wodurch man die Effektivität des eigenen Kurses bewahrt. Dafür ist jedoch eine große Wachheit notwendig, damit die eigenen Ziele rechtzeitig, aber eben auch nicht übereilt verändert.

Bei einem Halbsextil drängen entweder die Lebensorganisation oder Intuition auf eine Weiterentwicklung zu der jeweils anderen Qualität. Dadurch weicht entweder das Ideal dem Neuen (Jupiter => Uranus) oder das Neue verblaßt und man geht zum Organisieren des eigenen Lebens über (Uranus => Jupiter).

Jupiter – Neptun

Bei einer Konjunktion erlebt man keinen Unterschied zwischen Organisation und Grenzauflösung. Man sucht stets allgemeingültige Werte und Ziele und man organisiert stets für alle; man will die allumfassende Gemeinschaft entstehen lassen.

Bei einer Opposition wechselt man zwischen Ziel und Anteilnahme, zwischen Organisation und Grenzauflösung rhythmisch hin und her. Finanzierung und Kunst lösen sich hier einander ab und ebenso Management und karitatives Engagement, Gemeinschafts-Organisation und spirituelles Streben, Selbstversorgung und Ökologie usw.

Bei einem Trigon gehen zwei nah verwandte Eigenschaften eine Freundschaft ein und unterstützen sich jederzeit gegenseitig: Wenn man etwas organisiert, weitet sich dies stets zu einer Verbesserung der allgemeinen Lage und nicht nur der eigenen Situation. Man hat die Gabe, alle sozialen, religiösen, ökologischen und künstlerischen Ziele mithilfe des eigenen Management-Fähigkeit zu verwirklichen.

Bei einem Sextil unterstützen sich zwei Planeten in Tierkreiszeichen mit verschiedenen, aber ähnlichen Eigenschaften gelegentlich gegenseitig: Das Organisieren hat die Möglichkeit, auch allgemein wünschenswerte Ziele zu verfolgen, und der Gemeinschaftswunsch, die Kunst, die Religion und die Ökologie haben die Möglichkeit, sich durch das Gestalten von Systemen und Organisationen zu verwirklichen.

Bei einem Quadrat prüft man in jeder Situation stets aufs Neue, welche der beiden Eigenschaften man einsetzen will – und die andere Eigenschaft hält sich vollständig raus: Gemeinschaft oder Spiritualität, System-Organisation oder Kunst, Unternehmens-Erfolg oder ökologisch korrektes Verhalten.

Bei einem Quincunx stellen Ideale und Traumbilder immer wieder aufs Neue die Ordnung und die Spannung her. Das führt zu der Gefahr, daß man Unmögliches anstrebt – man muß bei allen Vorhaben schauen, wie man es angehen will und was der effektivste Weg ist ... wobei man durchaus auch einmal Magie zuhilfe nehmen kann.

Bei einem Halbsextil drängen entweder die Lebensorganisation oder die Grenzauflösung auf eine Weiterentwicklung zu der jeweils anderen Qualität. Dadurch weicht entweder das Ideal dem Eintauchen in das Erlebnis des Einsseins mit dem Ganzen (Jupiter => Neptun) oder man kehrt von der Weite der Phantasie zu dem Organisieren des Alltags zurück (Neptun => Jupiter).

Jupiter – Pluto

Bei einer <u>Konjunktion</u> erlebt man keinen Unterschied zwischen Organisation und Existentiellem. Das bedeutet, daß die eigenen Werte und Ziele allgemeingültig sind und auch in allgemeiner Weise durchgesetzt werden sollen. Dabei kann man ausgesprochen überzeugend und effektiv sein … und auch ziemlich dominant.

Bei einer <u>Opposition</u> wechselt man zwischen Ziel und existentieller Notwendigkeit, zwischen Organisation und Berufung rhythmisch hin und her. Mal strebt man nach den tiefsten Wurzeln der Welt und mal regelt man ganz schlicht den eigenen Alltag …

Bei einem <u>Trigon</u> gehen zwei nah verwandte Eigenschaften eine Freundschaft ein und unterstützen sich jederzeit gegenseitig: Die eigenen Ziele drücken stets das Existentielle aus und sind daher von großer Überzeugungskraft und mit einem großen Durchsetzungsvermögen verbunden. Alles Wesentliche wird sofort in Umsetzungsplänen formuliert, die dann auch propagiert und verwirklicht werden.

Bei einem <u>Sextil</u> unterstützen sich zwei Planeten in Tierkreiszeichen mit verschiedenen, aber ähnlichen Eigenschaften gelegentlich gegenseitig: Die eigenen Ziele haben die Möglichkeit, allgemeine Ziele zu werden, und das Wesentliche hat die Möglichkeit, als Organisation eine äußere Form zu erlangen.

Bei einem <u>Quadrat</u> prüft man in jeder Situation stets aufs Neue, welche der beiden Eigenschaften man einsetzen will – und die andere Eigenschaft hält sich vollständig raus: Ideal oder Überzeugung, Organisation oder Verwandlung, Ziel oder Lebensnotwendigkeit.

Bei einem <u>Quincunx</u> stellen Ideale und Grundüberzeugungen immer wieder aufs Neue die Ordnung und die Spannung her. Das führt zu der Notwendigkeit, das, was man gerne selber hätte (die Ideale), mit den Grundüberzeugungen und Notwendigkeiten zu koordinieren. Wenn dies gelingt, hat das eigene Managen der Lebensumstände einen großen Erfolg – aber es ist notwendig, beides immer wieder aufeinander abzustimmen, da es bei Quincunxen niemals endgültige Lösungen, sondern immer nur den nächsten sinnvollen Schritt gibt.

Bei einem <u>Halbsextil</u> drängen entweder die Lebensorganisation oder die Grundüberzeugungen auf eine Weiterentwicklung zu der jeweils anderen Qualität. Dadurch weicht entweder das Ideal dem, was man als existentiell erlebt, (Jupiter => Pluto) oder die Grundüberzeugungen verblassen und weichen dem Verfolgen der persönlichen Ideale (Pluto => Jupiter).

IX 3. g)   Saturn

Saturn – Uranus

Bei einer <u>Konjunktion</u> erlebt man keinen Unterschied zwischen der Form und der Erfindung, zwischen Altem und Neuem, zwischen Bewährtem und Experiment. Man nutzt die eigene Erfahrung als Sprungbrett in das Unbekannte und man überprüft das Neue gründlich, um es in die eigenen Erfahrungen einzubauen.

Bei einer <u>Opposition</u> wechselt man zwischen Form und Formsprengung, zwischen Fundament und Neuausrichtung rhythmisch hin und her. Mal steht man fest als Wächter an der Stadtmauer und mal hüpft man neugierig durch die unbekannten Gegenden vor der Stadt. Auf diese Weise bewahrt man abwechselnd das eigene Fundament und bereichert sich durch das Entdecken und Erleben neuer Möglichkeiten.

Bei einem <u>Trigon</u> gehen zwei nah verwandte Eigenschaften eine Freundschaft ein und unterstützen sich jederzeit gegenseitig: Die Form nimmt jegliche neue Erkenntnis und jeden neuen Impuls auf und erweitert sich dadurch zu einer umfassenderen Form. Daher gibt es keine festen Regeln, sondern nur die Regeln, die den Stand der derzeitigen Erkenntnis und Entwicklung ausdrücken.

Bei einem <u>Sextil</u> unterstützen sich zwei Planeten in Tierkreiszeichen mit verschiedenen, aber ähnlichen Eigenschaften gelegentlich gegenseitig: Das Bestehende hat die Möglichkeit, durch Neues erweitert zu werden, und das Neue hat die Möglichkeit, sich mit dem bereits Bestehenden zu verbinden.

Bei einem <u>Quadrat</u> prüft man in jeder Situation stets aufs Neue, welche der beiden Eigenschaften man einsetzen will – und die andere Eigenschaft hält sich vollständig raus: Vorschrift oder intuitives Verhalten, Regeln oder Spontanität, Tradition oder Fortschritt.

Bei einem <u>Quincunx</u> stellen Tradition und Erfindung immer wieder aufs Neue die Ordnung und die Spannung her. Das führt dazu, daß sehr oft geprüft werden muß, ob eine neue Idee wirklich hilfreich ist und wenn ja, wie sie am besten in das Bestehende integriert werden kann, ohne daß dadurch die Vorteile des bereits Bestehenden verloren gehen.

Bei einem <u>Halbsextil</u> drängen entweder die Lebenserfahrung oder die Intuition auf eine Weiterentwicklung zu der jeweils anderen Qualität. Dadurch weicht entweder die Suche nach Sicherheit dem Wunsch nach Neuem (Saturn => Uranus) oder man verliert das Interesse an dem Neuen und kehrt zu dem Altbewährten zurück (Uranus => Saturn).

Saturn – Neptun

Bei einer <u>Konjunktion</u> erlebt man keinen Unterschied zwischen der Grenze und der Grenzauflösung. Das Auflösen der Grenze wird zum System, zum Fundament – man will das Bestehende durch Kunst, Religion, Sozialengagement und Ökologie weiten, da man nur die allumfassende, abgrenzungslose Weite als das eigentliche Fundament aller Dinge erlebt.

Bei einer <u>Opposition</u> wechselt man zwischen Form und Phantasie, zwischen Fundament und Grenzauflösung rhythmisch hin und her. Hier lösen Tradition und freie Kunst einander ab und ebenso staatliche Fürsorge und individuelle Hilfe, offizielle Regelungen und ökologisches Engagement, religiöse Vorschriften und eigenes spirituelles Erleben.

Bei einem <u>Trigon</u> gehen zwei nah verwandte Eigenschaften eine Freundschaft ein und unterstützen sich jederzeit gegenseitig: Sozialengagement, Religion, Ökologie und Kunst brauchen eine feste Form, um gedeihen zu können, sie brauchen Regeln, um wachsen zu können, und Gesetze, um real werden zu können. Die Phantasie wird zu Geschichte, der Tagtraum zu Realität, die Magie zu Alltag.

Bei einem <u>Sextil</u> unterstützen sich zwei Planeten in Tierkreiszeichen mit verschiedenen, aber ähnlichen Eigenschaften gelegentlich gegenseitig: Die festen Formen haben die Möglichkeit, dem spirituellen, sozialen, ökologischen und künstlerischen Streben einen Halt und ein Fundament zu geben, und diese Bestrebungen können ihrerseits die bestehenden Formen weiterentwickeln und lebendig werden lassen – die Mystik und die Magie als Anregung zur Evolution der Religion.

Bei einem <u>Quadrat</u> prüft man in jeder Situation stets aufs Neue, welche der beiden Eigenschaften man einsetzen will – und die andere Eigenschaft hält sich vollständig raus: Religion oder Mystik, Tradition oder Kunst, Vorschrift oder Ahnung.

Bei einem <u>Quincunx</u> stellen Festes und Phantasie immer wieder aufs Neue die Ordnung und die Spannung her. Das führt zu der Frage, welche Regeln dem Erreichen des übergeordneten Zieles dienlich sind. Hier sind weder die vollkommene Selbstaufopferung des Neptuns noch das harte Beharren auf dem Altbewährten des Saturns förderlich, sondern die ständige Weiterentwicklung der allgemein festgelegten Rahmenbedingen.

Bei einem <u>Halbsextil</u> drängen entweder die Lebenserfahrung oder die Phantasie auf eine Weiterentwicklung zu der jeweils anderen Qualität. Dadurch weicht entweder die Suche nach Sicherheit dem Wunsch nach Weite (Saturn => Neptun) oder man verliert das Interesse an der Weite und kehrt zu dem Altbewährten zurück (Neptun => Saturn).

Saturn – Pluto

Bei einer <u>Konjunktion</u> erlebt man keinen Unterschied zwischen Form und Existentiellem, denn schließlich ist es doch das Existentielle, das die Form hervorbringt. Folglich will man alles Wesentliche auch in eine feste Form bringen. Das kann zu einer gewissen Härte führen.

Bei einer <u>Opposition</u> wechselt man zwischen Form und existentieller Notwendigkeit, zwischen Fundament und Essenz rhythmisch hin und her. Hier können sich Gesetze und Überzeugungen dadurch, daß man beides kennt und beides wertschätzt, gegenseitig bereichern.

Bei einem <u>Trigon</u> gehen zwei nah verwandte Eigenschaften eine Freundschaft ein und unterstützen sich jederzeit gegenseitig: Aus dem Wesentlichen ergeben sich die Naturgesetze, die menschlichen Gesetze und die Regeln, nach denen man selber lebt. Die feste Form ist der Ausdruck der innersten Essenz. Alles Grundlegende zeigt sich in der Form, die sie erschafft, da sie das prägende Element dieser Form ist. Daher ist das Wesentliche und seine Form eins.

Bei einem <u>Sextil</u> unterstützen sich zwei Planeten in Tierkreiszeichen mit verschiedenen, aber ähnlichen Eigenschaften gelegentlich gegenseitig: Die festen Formen haben die Möglichkeit, das Wesentliche auszudrücken, und das Wesentliche hat die Möglichkeit, eine klar definierte Gestalt anzunehmen.

Bei einem <u>Quadrat</u> prüft man in jeder Situation stets aufs Neue, welche der beiden Eigenschaften man einsetzen will – und die andere Eigenschaft hält sich vollständig raus: Gesetz oder Überzeugung, Form oder Inhalt, Stabilisierung oder Revolution.

Bei einem <u>Quincunx</u> stellen Form und Wesentliches immer wieder aufs Neue die Ordnung und die Spannung her. Das führt zu der Frage, welche Form das, was man erreichen will, am besten fördert – ohne anderen Dingen übermäßig zu schaden. Diese Fragestellung führt zu vielen Gestaltwandlungen und Metamorphosen …

Bei einem <u>Halbsextil</u> drängtn entweder die Lebenserfahrung oder die Grundüberzeugungen auf eine Weiterentwicklung zu der jeweils anderen Qualität. Dadurch weicht entweder die Suche nach Sicherheit dem Wunsch nach existentieller Intensität (Saturn => Pluto) oder man verliert das Interesse an der Ekstase und kehrt zu dem Gewohnten zurück (Pluto => Saturn).

Uranus – Neptun

Bei einer <u>Konjunktion</u> erlebt man keinen Unterschied zwischen Intuition und Ahnung: Die plötzliche Idee führt zu einer Weitung des Horizonte; der spontane Kontakt führt zur Symbiose; Kunst ist stets Ausdruck im Augenblick; Religion ist Erleben der Welt im Hier und Jetzt; soziales Engagement kann nur dort geschehen, wo gerade eine Not auftritt; und Ökologie ist das Helfen an dem Ort, wo gerade eine Krise auftritt.

Bei einer <u>Opposition</u> wechselt man zwischen Spontanität und Anteilnahme, zwischen Intuition und Phantasie rhythmisch hin und her. Das Neue führt dazu, daß man seinen Blick auf das Ganze ändert – und der veränderte Blick auf das Ganze führt wiederum zu neuen Entdeckungen. Das, was sich hier ablöst, sind der Sprung über den Abgrund zu einem ganz bestimmten Ort und das Hineinspüren in das Ganze, also das einzelne Unerwartete und das Mitschwingen mit dem Ganzen.

Bei einem <u>Trigon</u> gehen zwei nah verwandte Eigenschaften eine Freundschaft ein und unterstützen sich jederzeit gegenseitig: Die Intuition weitet die ahnende Wahrnehmung; die Phantasie ermöglicht neue Ideen. Daher stellt die Kunst Neues dar, entwickeln sich Gemeinschaften sprunghaft weiter, ist Ökologie ein Einstellen auf immer neue Situationen, ist Gottes Handeln unvorhersehbar.

Bei einem <u>Sextil</u> unterstützen sich zwei Planeten in Tierkreiszeichen mit verschiedenen, aber ähnlichen Eigenschaften gelegentlich gegenseitig: Die Intuition hat die Möglichkeit, das Tor zum Erspüren des Ganzen zu öffnen, und das Grenzauflösende läßt die Möglichkeit entstehen, Neues zu entdecken.

Bei einem <u>Quadrat</u> prüft man in jeder Situation stets aufs Neue, welche der beiden Eigenschaften man einsetzen will – und die andere Eigenschaft hält sich vollständig raus: Intuition oder Ahnung, Spontanität oder Phantasie, Neuheit oder Anteilnahme.

Bei einem <u>Quincunx</u> stellen Intuition und Phantasie immer wieder aufs Neue die Ordnung und die Spannung her. Das führt zu der Frage, wie man die Freude am Neuen und die Verbundenheit mit dem Ganzen zu einem kreativen Ganzen zusammenfügen kann.

Bei einem <u>Halbsextil</u> drängen entweder die Intuition oder die Phantasie auf eine Weiterentwicklung zu der jeweils anderen Qualität. Dadurch weicht entweder der Wunsch nach Neuem dem Bedürfnis nach einer weiten Verbundenheit mit dem Ganzen (Uranus => Neptun) oder man verliert das Interesse an der Weitung und will lieber einfach etwas Neues erleben (Neptun => Uranus).

Uranus – Pluto

Bei einer <u>Konjunktion</u> erlebt man keinen Unterschied zwischen Intuition und Wesentlichem: die Intuition ist das Wesentliche und das Wesentliche wird immer nur intuitiv erfaßt – und das Wesentliche ist in jedem Augenblick neu, ist die spontane Erschaffung des Hier und jetzt … jeder Augenblick ist existentiell, aber keine zwei Augenblicke sind gleich …

Bei einer <u>Opposition</u> wechselt man zwischen Spontanität und Existentiellem, zwischen Intuition und Erfassen des Wesentlichen rhythmisch hin und her. Aus den Entdeckungen folgen manchmal große Umwälzungen und aus dem Drang zu einer großen Verwandlung folgen manchmal neue Entdeckungen – beides regt sich gegenseitig an, wodurch ein Rhythmus zwischen den beiden Polen entsteht.

Bei einem <u>Trigon</u> gehen zwei nah verwandte Eigenschaften eine Freundschaft ein und unterstützen sich jederzeit gegenseitig: Ideen sind stets grundlegend und verwandeln alles Bisherige; das Grundlegende äußert sich spontan und heftig – das Plötzliche ist die Essenz des Lebens.

Bei einem <u>Sextil</u> unterstützen sich zwei Planeten in Tierkreiszeichen mit verschiedenen, aber ähnlichen Eigenschaften gelegentlich gegenseitig: Die Intuition hat die Möglichkeit, das Wesentliche zu erfassen, und die Essenz aller Dinge hat die Möglichkeit, sich in spontanen Eingebungen (teilweise) zu zeigen.

Bei einem <u>Quadrat</u> prüft man in jeder Situation stets aufs Neue, welche der beiden Eigenschaften man einsetzen will – und die andere Eigenschaft hält sich vollständig raus: Spontanität oder Essenz, Sprung oder Verwandlung, Erfinder oder Magier.

Bei einem <u>Quincunx</u> stellen Spontanität und Grundüberzeugungen immer wieder aufs Neue die Ordnung und die Spannung her. Das führt dazu, daß man bei jeder neuen Erfindung und jedem neuen Einfall schauen muß, wie er in das Ganze integriert werden kann, sodaß er dem Verwirklichen des Wesentlichen dienlich ist.

Bei einem <u>Halbsextil</u> drängen entweder die Intuition oder die Grundüberzeugungen auf eine Weiterentwicklung zu der jeweils anderen Qualität. Dadurch weicht entweder der Wunsch nach Neuem dem Bedürfnis nach Anschluß an die „Wurzel des Lebens" (Uranus => Pluto) oder man verliert das Interesse an dem Wesentlichen und will lieber einfach etwas Neues erleben (Pluto => Uranus).

IX 3. i) Neptun

Neptun – Pluto

Bei einer <u>Konjunktion</u> erlebt man keinen Unterschied zwischen Grenzauflösung und Wesentlichem, da die Grenzauflösung das Wesentliche ist. Wie sonst sollte Kunst Tiefe erlangen können, die Menschen-Gemeinschaft in Frieden leben könne, Gott als Schöpfer erfaßt werden können, Ökologie funktionieren können?

Bei einer <u>Opposition</u> wechselt man zwischen Phantasie und Existentiellem, zwischen Symbiose und Erfassen der Essenz rhythmisch hin und her. Die Besinnung auf das Wesentliche führt dazu, daß man nach einer Weile in das Ganze hineinspürt, das aus dem Wesentlichen heraus entstanden ist. Ebenso beginnt man, wenn man in das Ganze hineinspürt, nach einer Weile nach der gemeinsamen Wurzel aller Teile des Ganzen zu suchen. Dadurch entsteht ein Rhythmus zwischen der Essenz und dem Ganzen, das aus dieser Essenz heraus entstanden ist.

Bei einem <u>Trigon</u> gehen zwei nah verwandte Eigenschaften eine Freundschaft ein und unterstützen sich jederzeit gegenseitig: Das Spüren in die Welt ermöglicht das Erfassen ihrer Wurzeln und des Samens, aus dem sie entsprungen sind. Gemeinschaft, Mystik, Kunst, Ökologie und jegliche Form der Grenzauflösung werden zu den grundlegenden Bestandteilen des Lebens.

Bei einem <u>Sextil</u> unterstützen sich zwei Planeten in Tierkreiszeichen mit verschiedenen, aber ähnlichen Eigenschaften gelegentlich gegenseitig: Die Auflösung der Grenzen kann zu der Möglichkeit führen, das Wesentliche sichtbar werden zu lassen, und das Wesentliche kann sich in Ahnungen zeigen.

Bei einem <u>Quadrat</u> prüft man in jeder Situation stets aufs Neue, welche der beiden Eigenschaften man einsetzen will – und die andere Eigenschaft hält sich vollständig raus: Mystik oder Magie, Eingebung oder Metamorphose, allmähliche Weiterentwicklung oder Neuschöpfung.

Bei einem <u>Quincunx</u> stellen Grenzauflösung und Wesentliches immer wieder aufs Neue die Ordnung und die Spannung her. Das führt zu der Frage, wo und wann man sich dem „Schweben in dem großen Ganzen" hingeben kann, und wann man sich auf das Wesentliche eingerichtet konzentrieren muß.

Bei einem <u>Halbsextil</u> drängen entweder die Grenzauflösung oder die Grundüberzeugungen auf eine Weiterentwicklung zu der jeweils anderen Qualität. Dadurch weicht entweder der Wunsch nach Weitung dem Drang, aus dem Wesentlichen heraus zu leben (Neptun => Pluto) oder der Drang nach einem intensiven Leben verblaßt und man will einfach das Einsein mit allem genießen (Pluto => Neptun).

IX Übungen

Die Astrologie wird wie jeder andere Wissensbereich dadurch klarer und tiefer und einfacher anwendbar, daß man ihn viel benutzt.

1. Horoskope

Die wichtigste Möglichkeit besteht schlicht darin, viele Horoskope auszurechnen und zu deuten.

Es gibt auch im Internet viele Sammlungen von Horoskopen von bekannten Persönlichkeiten, die man sich anschauen und vergleichen kann – am besten die Horoskope von den Menschen, über die man schon etwas weiß wie Politiker, Sportler, Schauspieler, Musiker usw.

2. Typen

Man kann sich auch einmal ein Buch wie z.B. die sieben „Harry Potter"-Bände vornehmen und schauen, ob man erkennen kann, welchen Planeten- oder Sternzeichen-Charakter bestimmte Gestalten haben.

Ein etwas anderer Ansatz besteht darin, bestimmte Positionen zu untersuchen, wofür sich vor allem der Fußball besonders gut eignet. Das ist zunächst einmal sehr einfach: Man sucht sich die Geburtsdaten von zwei Dutzend oder mehr Torhütern im Internet heraus und schaut, ob sich bei den Torhütern bestimmte Tierkreiszeichen häufen. Dasselbe kann man dann mit den Verteidigern, den Mittelfeldspielern, den Stürmern, dem Libero u.ä. machen.

Das hilft sowohl die betreffenden Positionen besser zu verstehen als auch die Tierkreiszeichen besser zu begreifen.

3. Sonnenzeichen und Aszendent

Es ist sehr hilfreich, die Kombinationen von Tierkreiszeichen und Aszendent anzusehen. Dabei kann man wiederum die im Internet verfügbaren Horoskope bekannter Persönlichkeiten zu Hilfe nehmen. Das Sonnenzeichen und der Aszendent sind die beiden einflußreichsten Elemente im Horoskop, weshalb ein gutes Verständnis dieser beiden Elemente ausgesprochen förderlich ist.

Der Aszendent ist sozusagen das Baumaterial und das Sonnenzeichen ist der

Architekt – der Aszendent ist die Tonart und das Sonnenzeichen der Komponist.

So interessiert sich z.B. Freud als Stier für den Genuß und aufgrund seines Skorpion-Aszendenten erforscht er die Motivationen der Begierde.

Auch Karl Marx ist ein Stier und interessiert sich daher für Besitz. Da er jedoch einen Wassermann-Aszendenten hat, schreibt er eine Theorie des Besitzes: „Das Kapital".

Alfred Adler, ein Schüler von Freud, hat wie sein Lehrer einen Skorpion-Aszendenten und hat daher einen Blick auf Konkurrenz, Neid, Mangel, Kampf u.ä. Da er jedoch ein Löwe ist, interessiert ihn nicht wie den Stier Freud der Genuß des Besitzes, sondern der Selbstausdruck, das Selbstwertgefühl, weshalb er die Entwicklung und Weitung der Individualität betrachtet – vor allem im geschwisterlichen Konkurrenzkampf.

Ein anderer Freund-Schüler, C.G. Jung, war wie Alfred Adler ein Löwe. Da er jedoch wie Karl Marx einen Wassermann-Aszendenten hat, interessiert ihn nicht wie Alfred Adler die Konkurrenz um die Anerkennung, sondern er entwirft in seinen Schriften stattdessen eine Theorie der Individualität.

Ein weiterer lohnenswerter Ansatz ist der Vergleich des Aussehens von Menschen mit gleichem Tierkreiszeichen (Sonnenzeichen) oder mit gleichem Aszendenten und am besten auch von Menschen mit derselben Sonnenzeichen/Aszendent-Kombination.

4. täglicher Planetenstand

Im Internet sind Webseiten verfügbar, die den jeweils aktuellen Planetenstand anzeigen. Wenn man sich jeden Tag diesen Planetenstand anschaut und mit den Ereignissen an diesem Tag vergleicht, bekommt man mit der Zeit ein Fingerspitzengefühl dafür, welche Konstellationen welche Bedeutung haben.

5. Transite

Ein Transit ist ein Planet oben am Himmel, der gerade dort steht, wo man auch in seinem Horoskop einen Planeten stehen hat. Wenn z.B. der aktuelle Sonnenstand 7° Fische ist und man in seinem Horoskop bei 7° Fische den Merkur stehen hat, macht dieser Transit das Denken (Merkur) bewußter und egozentrischer (Sonne). Der Planet im Horoskop erhält also durch den aktuellen Planeten an derselben Stelle am Himmel einen „Anstrich".

6. Der persönliche Astrologische Jahres-Kalender

Da die Sonne jedes Jahr am selben Tag an derselben Stelle im Tierkreis steht, läßt sich für jeden Menschen einen einfaches Jahres-Kalender erstellen, das zeigt, welche Qualitäten die Tage im Jahr haben. Diese individuelle, aber lebenslang gleichbleibende Jahres-Vorhersage ist natürlich nur auf die Sonne bezogen und berücksichtigt nicht die anderen neun Planeten – sie ist also unvollständig, aber trotzdem nützlich.

Dieser Kalender ist schon Kapitel „IV 2." beschrieben worden.

7. Traumreisen

Schließlich kann man noch Traumreisen zu den Planeten, den Tierkreiszeichen, den Häusern und den Aspekten unternehmen. Diese Methode hat den Vorteil, daß sie nicht am Verstehen (Merkur), sondern am Erleben (Mond) ansetzt und daher unter Umständen ein hilfreiches zweites Standbein beim Erlernen der Astrologie sein kann.

X Weiterführende Betrachtungen

Dieses Buch will nur einen ersten Überblick vermitteln – deshalb heißt es auch „Astrologie für Anfänger". Wenn man eines der in diesem Buch skizzierten Themen weiter vertiefen möchte, findet man Informationen dazu in den folgenden Büchern:

Thomas Ring: Astrologische Menschenkunde   eine ausführliche und detailreiche Darstellung aller Elemente der Horoskop-Astrologie

www.astroschmid.ch   Mithilfe dieser Webseite lassen sich auf einfache Weise Horoskope berechnen.

www.astroschmid.ch   Mithilfe dieser Webseite kann man sich auf sehr einfache Weise den aktuelle Planetenstand anzeigen lassen.

www.astro.com/astro-databank/Main_Page   Eine Sammlung von ca. 70.000 Horoskopen.

www.astrotheme.com/celebrities   Eine Sammlung von ca. 60.000 Horoskopen, in der man auch differenziert z.B. nach „Sonne im 1. Haus" suchen kann.

Eilenstein: Astrologie   eine Einführung in die Astrologie; Aspekt-Gefüge; Kombination von Sonnenstand und Aszendent; differenzierte Darstellung der Tierkreiszeichen; weltanschauliche Betrachtungen u.a.

Eilenstein: Die Aspekte   eine genaue Beschreibung der Aspekte und ihrer Verhältnisse zueinander

Eilenstein: Horoskop und Seele   eine Beschreibung des Verhältnisses von Seele und Horoskop, aus der sich ergibt, daß das Horoskop der Ausdruck des Willens der Seele ist, was wiederum einen anderen Umgang mit dem eigenen Horoskop ermöglicht

Eilenstein: Photo-Astrologie   jeweils 12 Photos von Männern und 12 Photos von Frauen zu jeder Sonnenzeichen/Aszendent-Kombination sowie zu jedem Planeten im 1. Haus

Eilenstein: Reinkarnation   eine Untersuchung, ob sich Reinkarnation nachweisen läßt und was sich über sie aussagen läßt und was sich daraus für die Astrologie ergibt

Eilenstein: Physik und Magie   u.a. eine Beschreibung, in welcher Form sich der Tierkreis und die astrologischen Aspekte in der modernen Physik wiederfinden – u.a. als Heisenberg'sche Spinkette („Superstring") und als spezielle Winkelverhältnisse in der Mechanik und im Elektromagnetismus

Insgesamt ist die astrologische Literatur fast unüberschaubar …

Bücher von Harry Eilenstein

„Magie für Anfänger"	Magie

„Magie für Anfänger"

- Telepathie für Anfänger (60 S.)
- Telepathie für Fortgeschrittene (52 S.)
- Telekinese für Anfänger (52 S.)
- Lebenskraft für Anfänger (60 S.)
- Meditation für Anfänger (56 S.)
- Hypnose für Anfänger (56 S.)
- Auto-Movement für Anfänger (56 S.)
- Chakra-Magie für Anfänger (148 S.)
- Astralreisen für Anfänger (56 S.)
- Astrologie für Anfänger (120 S.)
- Ritual-Magie für Anfänger (56 S.)
- Mandalas für Anfänger (68 S.)
- Geldzauber für Anfänger (56 S.)
- Liebeszauber für Anfänger (52 S.)
- Invokationen für Anfänger (52 S.)
- Evokationen für Anfänger (60 S.)
- Elfen für Anfänger (56 S.)
- Magie-Forschung für Anfänger (140 S.)
- Selbsterkenntnis für Anfänger (52 S.)
- Zahlensymbolik für Anfänger (60 S.)
- Die Sprache des Mondes – für Anfänger (116 S.)
- Zaubergesänge für Anfänger (100 S.)
- Zukunftschau für Anfänger (60 S.)
- Schamanismus für Anfänger (52 S.)
- Magische Gegenstände für Anfänger (68 S.)
- Astralreisen für Anfänger (56 S.)
- Da'ath-Magie für Anfänger (64 S.)
- Feng Shui für Anfänger (96 S.)
- Magie für Anfänger – Sammelband I (696 S.)
- Magie für Anfänger – Sammelband II (664 S.)

Magie

- Handbuch für Zauberlehrlinge (408 S.)
- Tarot (104 S.)
- Physik und Magie (184 S.)
- Die Magie-Formel (156 S.)
- Krafttiere – Tiergöttinnen – Tiertänze (112 S.)
- Schwitzhütten (524 S.)

Meditation

- Der Lebenskraftkörper (230 S.)
- Die Chakren (100 S.)
- Das Chakren-System mit den Nebenchakren (296 S.)
- Organe und Chakren (64 S.)
- Meditation (140 S.)
- Drachenfeuer (124 S.)
- Reinkarnation (156 S.)
- einsgerichtet (140 S.)

Astrologie

- Astrologie (496 S.)
- Photo-Astrologie (428 S.)
- Die astrologischen Aspekte (88 S.)
- Horoskop und Seele (120 S.)

Kabbala

- Kursus der praktischen Kabbala (150 S.)
- Eltern der Erde (450 S.)
- Blüten des Lebensbaumes:
  - Die Struktur des kabbalistischen Lebensbaumes (370 S.)
  - Der kabbalistische Lebensbaum als Forschungshilfsmittel (580 S.)
  - Der kabbalistische Lebensbaum als spirituelle Landkarte (520 S.)

Bücher von Harry Eilenstein

<table>
<tr><td>

Religion allgemein

- Die sieben Schritte des Lebens (428 S.)
- Muttergöttin und Schamanen (168 S.)
- Göbekli Tepe (472 S.)
- Die Göttin von Göbekli Tepe (144 S.)
- Totempfähle (440 S.)
- Christus (60 S.)
- Dakini (80 S.)
- Vajra (76 S.)

Ägypten

- Hathor und Re 1: Götter und Mythen im
  Alten Ägypten (432 S.)
- Hathor und Re 2: Die altägyptische Religion –
  Ursprünge, Kult und Magie (396 S.)
- Isis (508 S.)

Indogermanen

- Die Entwicklung der indogermanischen
  Religionen (700 S.)
- Wurzeln und Zweige der indogermanischen
  Religion (224 S.)

Germanen

- Die Götter der Germanen (87 Bände)
- Odin (300 S.)

Kelten

- Cernunnos (690 S.)
- Der Kessel von Gundestrup (220 S.)
- Der Chiemsee-Kessel (76)

</td><td>

Psychologie

- Über die Freude (100 S.)
- Das Geheimnis des inneren Friedens (252 S.)
- Das Beziehungsmandala (52 S.)
- Gefühle und ihre Verwandlungen (404 S.)
- einsgerichtet (140 S.)
- Liebe und Eigenständigkeit (216 S.)
- Von innerer Fülle zu äußerem Gedeihen (52 S.)

Heilung

- Die Symbolik der Krankheiten (76 S.)

Kunst

- Herz des Tanzes – Tanz des Herzens (160 S.)

Drama

- König Athelstan (104 S.)

</td></tr>
</table>

Die Themen der 87 Bände der Reihe „Die Götter der Germanen"

1. Die Entwicklung der germanischen Religion
2. Lexikon der germanischen Religion
3. Der ursprüngliche Göttervater Tyr
4. Tyr in der Unterwelt: der Schmied Wieland
5. Tyr in der Unterwelt: der Riesenkönig   Teil 1
6. Tyr in der Unterwelt: der Riesenkönig   Teil 2
7. Tyr in der Unterwelt: der Zwergenkönig
8. Der Himmelswächter Heimdall
9. Der Sommergott Baldur
10. Der Meeresgott: Ägir, Hler und Njörd
11. Der Eibengott Ullr
12. Die Zwillingsgötter Alcis
13. Der neue Göttervater Odin   Teil 1
14. Der neue Göttervater Odin   Teil 2
15. Der Fruchtbarkeitsgott Freyr
16. Der Chaos-Gott Loki
17. Der Donnergott Thor
18. Der Priestergott Hönir
19. Die Göttersöhne
20. Die unbekannteren Götter
21. Die Göttermutter Frigg
22. Die Liebesgöttin: Freya und Menglöd
23. Die Erdgöttinnen
24. Die Korngöttin Sif
25. Die Apfel-Göttin Idun
26. Die Hügelgrab-Jenseitsgöttin Hel
27. Die Meeres-Jenseitsgöttin Ran
28. Die unbekannteren Jenseitsgöttinnen
29. Die unbekannteren Göttinnen
30. Die Nornen
31. Die Walküren
32. Die Zwerge
33. Der Urriese Ymir
34. Die Riesen
35. Die Riesinnen
36. Mythologische Wesen
37. Mythologische Priester und Priesterinnen
38. Sigurd/Siegfried
39. Helden und Göttersöhne
40. Die Symbolik der Vögel und Insekten
41. Die Symbolik der Schlangen, Drachen und Ungeheuer
42.a Die Symbolik der Herdentiere I
42.b Die Symbolik der Herdentiere II
43. Die Symbolik der Raubtiere
44. Die Symbolik der Wassertiere und sonstigen Tiere
45. Die Symbolik der Pflanzen
46. Die Symbolik der Farben
47. Die Symbolik der Zahlen
48. Die Symbolik von Sonne, Mond und Sternen
49.a Das Jenseits I – Das Hügelgrab
49.b Das Jenseits II – Der Jenseitsweg
50. Seelenvogel, Utiseta und Einweihung
51. Wiederzeugung und Wiedergeburt
52. Elemente der Kosmologie
53. Der Weltenbaum
54. Die Symbolik der Himmelsrichtungen und der Jahreszeiten
55.a Mythologische Motive I
55.b Mythologische Motive II
56. Der Tempel
57. Die Einrichtung des Tempels
58. Priesterin – Seherin – Zauberin – Hexe
59. Priester – Seher – Zauberer
60. Rituelle Kleidung und Schmuck
61. Skalden und Skaldinnen
62. Kriegerinnen und Ekstase-Krieger
63. Die Symbolik der Körperteile
64.a Magie und Ritual I
64.b Magie und Ritual II
64.c Magie und Ritual III
65. Gestaltwandlungen
66.a Magische Angriffs-Waffen
66.b Magische Verteidigungs-Waffen
67. Magische Werkzeuge und Gegenstände
68. Zaubersprüche
69. Göttermet
70. Zaubertränke
71. Träume, Omen und Orakel
72. Runen
73. Sozial-religiöse Rituale
74. Weisheiten und Sprichworte
75. Kenningar
76. Rätsel
77. Die vollständige Edda des Snorri Sturluson
78. Frühe Skaldenlieder
79.a Mythologische Sagas I
79.b Mythologische Sagas II
80. Hymnen an die germanischen Götter